物語《ものがたり》で楽《たの》しむ

歴史《れきし》が変《か》わったあの一瞬《いっしゅん》3

戦《せん》国《ごく》編《へん》

作◉大庭 桂・金田 妙

教育画劇

戦《せん》国《ごく》編《へん》 もくじ

この本にある二つのお話は、史実《しじつ》にもとづく歴史上《れきしじょう》のことがらを基本《きほん》に、フィクションをまじえてよみやすくまとめたものです。

時代を知ろう

戦《せん》国《ごく》の世とは？

勇猛果敢《ゆうもうかかん》な武将《ぶしょう》が全国にならびたった、戦国《せんごく》時代。彼《かれ》らが活躍《かつやく》した時代とは？

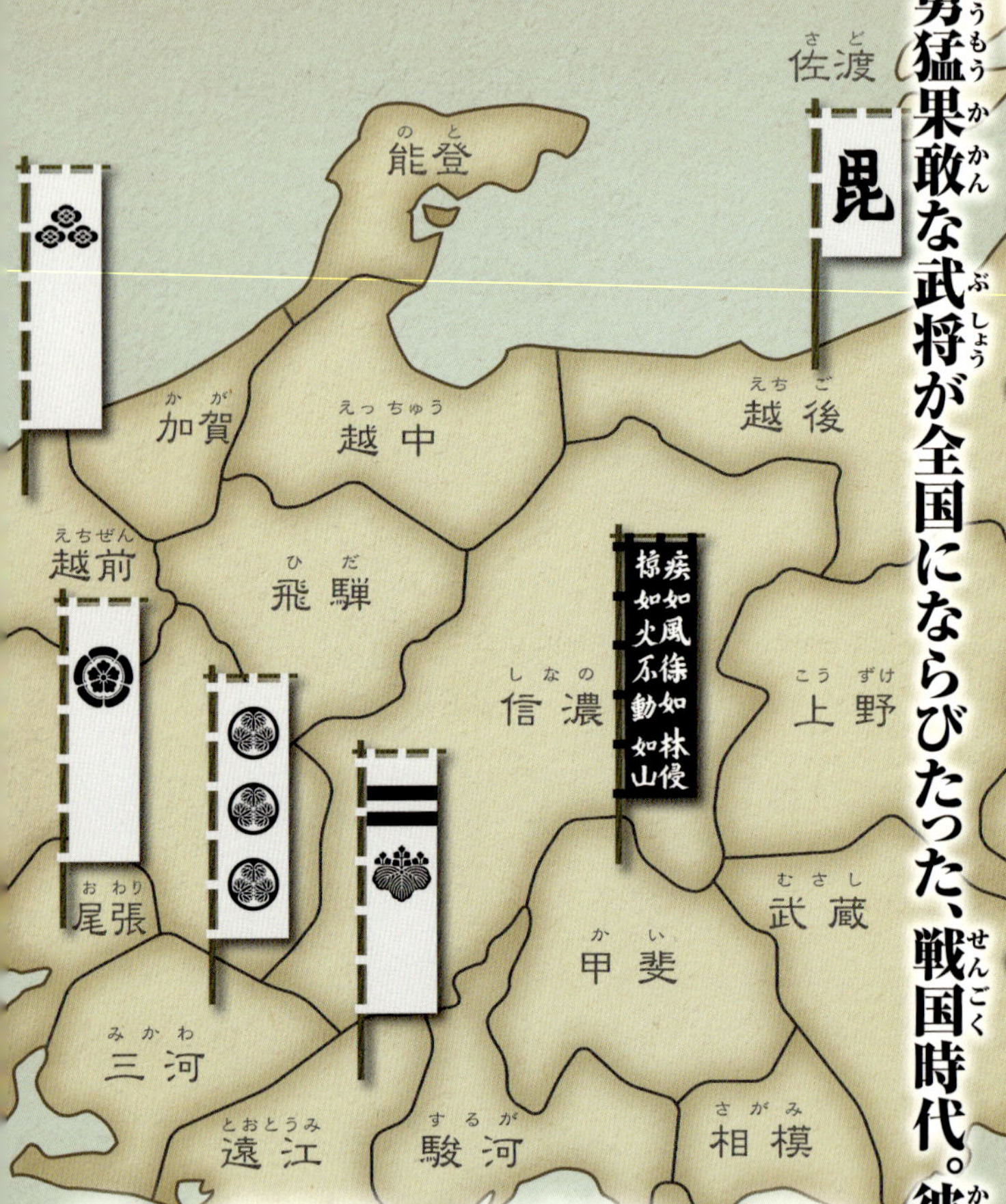

戦国《せんごく》時代のまくあけ

室町幕府《むろまちばくふ》の時代、応仁元《おうにんがん》（一四六七）年に応仁《おうにん》の乱《らん》が起こった。十一年にもわたる戦《たたか》いで、京都は焼《や》け野原になってしまった。

戦火《せんか》はさらに全国にひろがり、やがて下の者の力が上の者の勢力《せいりょく》をしのいでいく「下剋上《げこくじょう》」の時代になっていった。

その後百年ほど、戦乱《せんらん》のつづいた時代を戦国《せんごく》時代とよぶ。

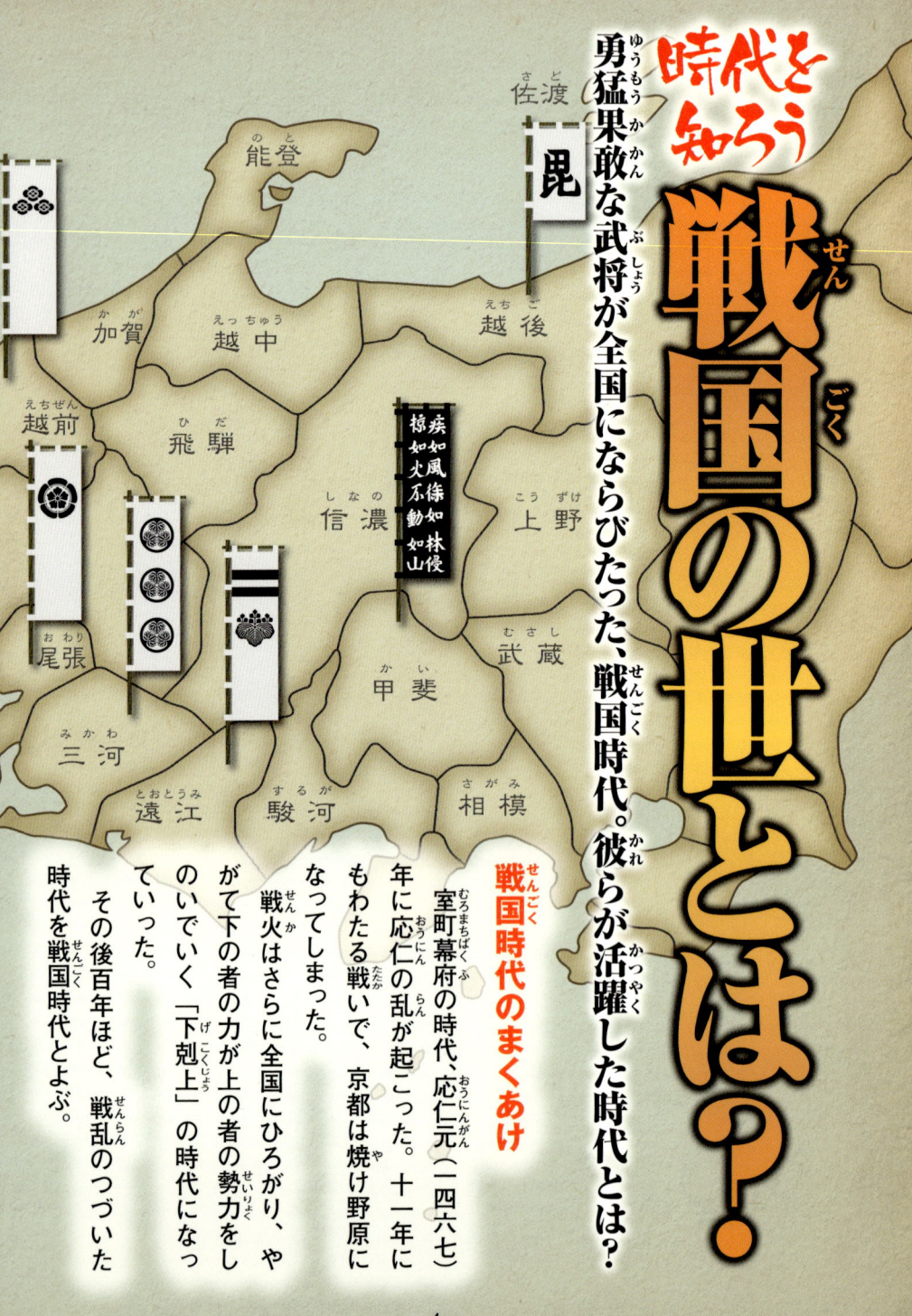

戦国大名《せんごくだいみょう》があらわれる

戦国《せんごく》時代には、各地《かくち》に力の強い大名がならびたって、それぞれ勢力《せいりょく》をのばそうとしていた。

これらの大名《だいみょう》を、戦国大名《せんごくだいみょう》という。

実力のある家臣《かしん》が、つかえている大名《だいみょう》をたおして戦国大名《せんごくだいみょう》になったり、実力のある大名《だいみょう》が戦国大名《せんごくだいみょう》になったりした。内乱《ないらん》を利用《りよう》して領地《りょうち》をひろげ、戦国大名《せんごくだいみょう》になった者もいる。

戦国大名《せんごくだいみょう》は、戦乱《せんらん》をとおして古い制度《せいど》をうちこわし、新しい社会をつくりつつ、統一《とういつ》をめざして戦《たたか》った。

戦国《せんごく》を知るためのキーワード

【戦国大名《せんごくだいみょう》】

戦国時代《せんごくじだい》に、ある一定の領域《りょういき》を支《し》配《はい》した大名《だいみょう》のこと。守護大名《しゅごだいみょう》は幕府《ばくふ》に命じられて領国《りょうごく》を支配《しはい》したが、戦《せん》国大名《ごくだいみょう》は自らの武力《ぶりょく》や経済力《けいざいりょく》をもとに、実力で領国《りょうごく》を支配《しはい》した。

戦国大名《せんごくだいみょう》は中央権力《ちゅうおうけんりょく》に支配《しはい》されない存在《そんざい》で、独自《どくじ》に法律《ほうりつ》を制定《せいてい》する者もあった。

【下剋上《げこくじょう》】

下の身分の者が上の身分の者にうちかって、権力《けんりょく》を手にいれること。おもに、家臣《かしん》が主家をほろぼして戦《せん》国大名《ごくだいみょう》になっていった、乱世《らんせ》の社会風潮《ふうちょう》のことをいう。

【城下町《じょうかまち》】

戦国大名《せんごくだいみょう》が、自らのすむ城《しろ》を中心として、家臣団《かしんだん》や商工業者をあつめてすまわせ、計画的《けいかくてき》に建設《けんせつ》した都市。戦国大名《せんごくだいみょう》の領国支配《りょうごくしはい》がすすむと、大《だい》規模《きぼ》な城《しろ》ができた。その城下《じょうか》に人があつまり発展《はってん》して、城下町《じょうかまち》となった。織田信長《おだのぶなが》や豊臣秀吉《とよとみひでよし》の時代になると、城下町《じょうかまち》は政治《せいじ》・経済《けいざい》の発展《はってん》の中心となった。

【足軽《あしがる》】

歩兵《ほへい》として、戦《いくさ》の最前線《さいぜんせん》で戦《たたか》った兵士《へいし》。応仁《おうにん》の乱《らん》のころは、農民《のうみん》が一時《いちじ》的《てき》に足軽《あしがる》として戦場《せんじょう》にかりだされたが、戦国《せんごく》時代には専門《せんもん》の兵士《へいし》として、武将《ぶしょう》のもとではたらくようになった。

【鉄砲《てっぽう》の伝来《でんらい》】

一五四三年、種子島《たねがしま》に船でながれついたポルトガル人が、鉄砲《てっぽう》と火薬《かやく》を日本につたえた。火縄銃《ひなわじゅう》とよばれるこの鉄砲《てっぽう》はその後、日本で生産《せいさん》されるようになり、戦国大名《せんごくだいみょう》に注目されて日本各地《かくち》にひろまった。

鉄砲《てっぽう》の伝来《でんらい》によって、武将《ぶしょう》どうしの一騎《いっき》打ちから、足軽鉄砲隊《あしがるてっぽうたい》による集団戦法《しゅうだんせんぽう》へと戦法《せんぽう》が変《か》わり、短時間で戦《たたか》いの決着がつくようになった。

第一話

激戦《げきせん》、川中島《かわなかじま》

～信玄《しんげん》VS謙信《けんしん》　勝負のゆくえは？～

謙《けん》信《しん》
戦《たたか》ったのか?

「風林火山《ふうりんかざん》」の旗《はた》をかかげて進軍《しんぐん》する、甲斐《かい》（現在《げんざい》の山梨《やまなし》県）の武田《たけだ》信玄《しんげん》。信玄《しんげん》のひきいる甲斐《かい》の軍勢《ぐんぜい》の強さは、諸国《しょこく》になりひびいていた。信玄《しんげん》は、甲斐《かい》から北の信濃《しなの》へとせめいり、領土《りょうど》をひろげていく。

信濃《しなの》は豊《ゆた》かな土地であった。その信濃《しなの》の北には、越後《えちご》の国がある。越《えち》後《ご》を統一《とういつ》したのは、「毘《び》」の旗《はた》をひるがえしてせめいる勇猛《ゆうもう》な武将《ぶしょう》、上《うえ》杉謙信《すぎけんしん》である。謙信《けんしん》は越後《えちご》から越中《えっちゅう》や関東《かんとう》へと支配《しはい》をひろげつつあった。

信《しん》玄《げん》VS
ふたりはどう

信濃《しなの》と越後《えちご》の国境《くにざかい》に近い川中島《かわなかじま》で、信玄《しんげん》のひきいる武田勢《たけだぜい》と、謙信《けんしん》のひきいる上杉勢《うえすぎぜい》が、ついに決戦《けっせん》の時をむかえる。信玄《しんげん》対 謙信《けんしん》。いずれもすぐれた武勇《ぶゆう》と知恵《ちえ》をそなえた大将《たいしょう》で、軍勢《ぐんぜい》の力は五分《ぶ》と五分《ぶ》。たがいの作戦《さくせん》を推理《すいり》し、にらみあい、ついに合戦《かっせん》の火ぶたは切られた。はたして勝負のゆくえはどうなるのか……。

上《うえ》杉《すぎ》謙《けん》信《しん》

（1530 ～ 78年）

越後《えちご》（現在《げんざい》の新潟《にいがた》県）の守護代《しゅごだい》、長尾家《ながおけ》に生まれる。長尾景虎《ながおかげとら》と名づけられた。勇猛《ゆうもう》さで知られ、その器《うつわ》を見こまれて、関東管領《かんとうかんれい》上杉憲政《うえすぎのりまさ》の家督《かとく》（家長《かちょう》としての身分）をゆずられる。出家後は上杉謙信《うえすぎけんしん》と名のる。越後《えちご》の龍《りゅう》、軍神《ぐんしん》ともよばれた。甲斐《かい》の武田《たけだ》信玄《しんげん》は宿敵《しゅくてき》。

山《やま》本《もと》勘《かん》助《すけ》（生没年不詳《せいぼつねんふしょう》）

伝説《でんせつ》の軍師《ぐんし》。諸国《しょこく》を放浪《ほうろう》し、城《しろ》取りや兵法《へいほう》を学ぶ。武田信玄《たけだしんげん》に軍師《ぐんし》としてつかえる。信玄《しんげん》の信濃《しなの》攻略《こうりゃく》をたすけ、川中島《かわなかじま》の合戦《かっせん》の作戦《さくせん》を立てる。

今《いま》川《がわ》義《よし》元《もと》（1519 ～ 60年）

駿河《するが》（現在《げんざい》の静岡《しずおか》県中央部《ちゅうおうぶ》）と遠江《とおとうみ》（現在《げんざい》の静岡《しずおか》県西部《せいぶ》）の守護大名《しゅごだいみょう》。今川氏《いまがわし》第十一代当主。三河《みかわ》や尾張《おわり》の一部まで領地《りょうち》をひろげ、今川家《いまがわけ》の最盛期《さいせいき》をきずく。甲斐《かい》の武田信玄《たけだしんげん》、相模《さがみ》の北条氏政《ほうじょううじまさ》とは義兄弟《ぎきょうだい》の関係《かんけい》であった。

人物紹介《じんぶつしょうかい》

武田信玄《たけだしんげん》

（1521 ～ 73年）

甲斐《かい》（現在《げんざい》の山梨県《やまなしけん》）の守護大《しゅごだい》名《みょう》。駿河《するが》の今川《いまがわ》、相模《さがみ》の北条《ほうじょう》とは婚姻関係《こんいんかんけい》により和平をたもち、北の信濃《しなの》（現在《げんざい》の長野《ながの》県）へ領土拡大《りょうどかくだい》をはかる。信濃《しなの》と越《えち》後《ご》の国境《くにざかい》、川中島《かわなかじま》で、上杉謙信《うえすぎけんしん》と合戦《かっせん》することになる。織田信《おだのぶ》長《なが》にもおそれられていた名将《めいしょう》。

父にうとまれて

「晴信《はるのぶ》（のちの信玄《しんげん》）はかわいげがない。それにくらべてどうだ。弟の信繁《のぶしげ》はすなおできき
わけがよい。」
「お屋形《やかた》さま。ですが、学僧《がくそう》のほまれ高い周良《しゅうりょう》さまもつねづねおっしゃるとおり、晴信《はるのぶ》さま
は禅寺《ぜんでら》での学問《がくもん》、とりわけ兵法《へいほう》に熱心《ねっしん》で、かしこいご長男でいらっしゃいます。」
「戦《いくさ》に学問の出来は関係《かんけい》ない。まわりがおだてるから、晴信《はるのぶ》は図にのりなまいきになる。わ
しの馬がほしいなど、よくもいえたものだ。親の宝《たから》をほしがる子など、ろくなものではない。」
晴信《はるのぶ》の父信虎《のぶとら》がほえるようにいうと、家来《けらい》はだまってしまった。気にいらなければ、即座《そくざ》
に太刀《たち》をふりおろす信虎《のぶとら》のはげしい気性《きしょう》を知っていたからだ。家来《けらい》たちも首をかしげるほど、
信虎《のぶとら》は晴信《はるのぶ》より四才年下の信繁《のぶしげ》に目をかけた。
「父上は、わたしより弟のほうがかわいいのだ。」

晴信《はるのぶ》は、幼《おさな》いころからたびたびそう思わされた。父は、晴信《はるのぶ》をしかるばかりで、やさしいことばをかけることはなかったが、信繁《のぶしげ》には「はげめよ」「よくやった」と声をかける。

晴信《はるのぶ》は教育係《きょういくがかり》であった禅僧周良《ぜんそうしゅうりょう》に、兵法書《へいほうしょ》「孫子《そんし》」などをならってきた。

「兵法《へいほう》や武術《ぶじゅつ》を学んできたのは、武門《ぶもん》をつぐ長男だからだ。何より父にほめてもらいたい。みとめてもらいたい。その一心であった。だが、父上はわたしが学んでも武道《ぶどう》のけいこに精進《しょうじん》しても、ほめてはくださらない。」

そう思いいたると、

「ならば、父上お気にいりの弟、信繁《のぶしげ》に家督《かとく》をつがせればいいではないか……。」

晴信《はるのぶ》は、武芸《ぶげい》にははげんだり、儒学《じゅがく》や兵法《へいほう》を学ぶことよりも、漢詩《かんし》や和歌《わか》をこのんで学ぶようになった。

「わたしが武《ぶ》にむかない文をこのむ者だとまわりが思えば、父上も家来《けらい》も、あとつぎは弟にと思うだろう。」

と計算したのだ。このような智恵《ちえ》をめぐらせることが、晴信《はるのぶ》の非凡《ひぼん》さのあらわれでもある。

弟に家督《かとく》をゆずる気持ちでいた晴信《はるのぶ》。だが家臣《かしん》の板垣信方《いたがきのぶかた》や甘利虎泰《あまりとらやす》らはそう思わない。

「晴信《はるのぶ》さまこそ、この甲斐《かい》をおさめるべきおかた。」

「だとすれば、どうする?」

「信虎公《のぶとらこう》は近ごろ、気にいらないことがあると、見さかいなく家来《けらい》を斬《き》りすててしまわれる。このさい、ご隠居《いんきょ》いただいて、晴信《はるのぶ》さまに家督《かとく》をついでいただこう。」

「そうだ。」

「それがよい。」

「さっそく、※駿河《するが》の今川義元殿《いまがわよしもとどの》につかいを出し、義元殿《よしもとどの》のもとに、ご隠居《いんきょ》なされた信虎《のぶとら》さまをおいていただけるようお願《ねが》いするとしよう。」

と、晴信《はるのぶ》の姉の夫《おっと》である今川義元《いまがわよしもと》に使者がおくられた。

※甲斐《かい》からきた使者の話をきいた今川義元《いまがわよしもと》は、心のなかでほくそえんだ。

「武田家《たけだけ》をつぐ晴信《はるのぶ》は、まだ二十一才の若《わか》さ。たよりない若造《わかぞう》が相手ならば、甲斐《かい》の国は戦《たたか》うこともなくわがものになるだろう。」

※駿河《するが》　現在《げんざい》の静岡《しずおか》県東・中部。
※甲斐《かい》　現在《げんざい》の山梨《やまなし》県。

運命の出会い

「おもてを上げよ。」

「ははっ。」

ほこりまみれのすりきれた衣服《いふく》をきた、みすぼらしい男だった。男は片目《かため》、おまけに片足《かたあし》を引きずっていて、とてもではないが、戦場《せんじょう》では役に立たないだろうとだれもが思った。父信虎《のぶとら》が駿河《するが》に隠居《いんきょ》して二年、二十三才にして甲斐《かい》の国をおさめる「お屋形《やかた》さま」武田晴信《たけだはるのぶ》（のちの信玄《しんげん》）は、男の日焼《ひや》けした顔のぎらりと光る目をじっと見おろしてたずねた。

「そなた、名はなんと申す。」

「山本勘助《やまもとかんすけ》と申します。※三河《みかわ》の国に生まれ、諸国《しょこく》をめぐって修行《しゅぎょう》いたしました。」

「ほう、諸国《しょこく》をめぐったと申すか。それで何を見てまいったのか？」

「京より西もめぐり、東は今川《いまがわ》、北条《ほうじょう》のご領地《りょうち》で合戦《かっせん》のやりかたはもちろん、城《しろ》の取りかた、

※三河《みかわ》　現在《げんざい》の愛知《あいち》県東部。

国のおさめかたまでつぶさに見てまいりました。ところが、先年のお屋形《やかた》さまのみごとな諏《す》訪攻《わざ》めを拝見《はいけん》し、お屋形《やかた》さまのようなすぐれたあるじにこそ、おつかえしたい。お役に立ちとうございます。」

「ふうむ。」

晴信《はるのぶ》は、甲斐《かい》の国から諏訪《すわ》（長野《ながの》県の諏訪《すわ》地方）の地を攻略《こうりゃく》し、さらに※信濃《しなの》へ領地《りょうち》をひろげようという野望《やぼう》をいだいていた。

「そのためには、諸国《しょこく》の事情《じじょう》や合戦《かっせん》を見てきたこの男。つかえるかもしれぬ。」

甲斐《かい》の若《わか》き武将《ぶしょう》武田晴信《たけだはるのぶ》は、軍師《ぐんし》として山本勘助《やまもとかんすけ》をめしかかえた。

勘助《かんすけ》はいう。

「お屋形《やかた》さま。駿河《するが》の今川《いまがわ》は、※遠江《とおとうみ》、三河《みかわ》をおさえ、京へ上る準備《じゅんび》を着々とすすめております。」

「今川《いまがわ》は上洛《じょうらく》（京へ上ること）するか……。勘助《かんすけ》、わたしの考えておること、そちには分かるか。」

※信濃《しなの》　現在《げんざい》の長野《ながの》県。
※遠江《とおとうみ》　現在《げんざい》の静岡《しずおか》県西部。

「さしずめ、諏訪大明神《すわだいみょうじん》のご守護《しゅご》のもと、北の信濃《しなの》をせめることをお考えでしょう。信濃《しなの》は豊《ゆた》かな国でございますからな。信濃攻《しなのぜ》めに集中するためには、南の今川《いまがわ》、東の北条《ほうじょう》の動きをよく目配りしてかからねばなりません。」

「勘助《かんすけ》、いかにもそのとおりだ。諏訪大明神《すわだいみょうじん》の旗印《はたじるし》のもとに軍《ぐん》をすすめれば、敵《てき》は神に恐《おそ》れをなすにちがいない。ほかに何か策《さく》があれば申してみよ。」

「まず国を富《と》ませ、民《たみ》の暮《く》らしを豊《ゆた》かにしなければなりません。道をととのえ、水害《すいがい》をなくす堤《つつみ》をつくることも大事。人の心をつかむことができなければ、強い兵《へい》はそだたず、いかなる兵法《へいほう》も役に立たず、軍《ぐん》を手足の如《ごと》く動かすことなどとうていできません。」

「心えている。戦《いくさ》にはばく大な費用《ひよう》がかかる。金山の開発もすすめているところだ。」

「お屋形《やかた》さま。信濃攻《しなのぜ》めにうってつけの者がおります。おめしかかえになってはいかがでしょう。なかなかの人物です。かつて信濃《しなの》の村上義清《むらかみよしきよ》につかえておりました、真田幸隆《さなだゆきたか》と申す者です。」

山本勘助《やまもとかんすけ》は、諸国《しょこく》を浪人《ろうにん》としてめぐっている時に真田幸隆《さなだゆきたか》と出会い、たすけられたことがあった。真田幸隆《さなだゆきたか》は晴信《はるのぶ》につかえることになった。晴信《はるのぶ》は、敵《てき》につかえた者でも、その器《うつわ》や能力《のうりょく》をすぐれているとみとめると、まようことなく家来《けらい》とした。

山本勘助《やまもとかんすけ》を軍師《ぐんし》として晴信《はるのぶ》は、信濃《しなの》を北へ北へと進攻《しんこう》していった。

三十才になった年、晴信《はるのぶ》は仏道《ぶつどう》に入ることを決心し、名を信玄《しんげん》とあらためた。

毘沙門天《びしゃもんてん》の化身《けしん》

上杉謙信《うえすぎけんしん》は、信濃《しなの》のさらに北、※越後《えちご》の国の守護代《しゅごだい》長尾為景《ながおためかげ》の末子《まっし》として、春日山城《かすがやまじょう》（上越《じょうえつ》市）で生まれた。武田信玄《たけだしんげん》より九才年下になる。寅年《とらどし》生まれなので虎千代《とらちよ》とよばれた。元服《げんぷく》してからの名は、長尾景虎《ながおかげとら》である。

越後《えちご》の国もまた戦乱《せんらん》のなかにあり、景虎《かげとら》の父、長尾為景《ながおためかげ》は、生涯《しょうがい》に百回以上《いじょう》も戦《たたか》ったといわれる。身内どうしでも戦《たたか》いは起こり、部下が敵《てき》にまわることもつねに警戒《けいかい》しなければならない。幼《おさな》い景虎《かげとら》は母にたずねる。

※越後《えちご》　現在《げんざい》の新潟《にいがた》県。

「母上は、どうして毎日、観音《かんのん》さまにお参《まい》りなさるのですか？」

「景虎《かげとら》、今日《きょう》も父上は戦《いくさ》に出て、越後《えちご》の民《たみ》が平安にくらせるように戦《たたか》っておいでです。父上や家臣《かしん》に観音《かんのん》さまのご守護《しゅご》がありますように、いのらずにおられないでしょう。」

「母上、わたしも父上のように強い武将《ぶしょう》に、早くなりとうございます。」

「ならば、そなたは武人《ぶじん》の守り神、毘沙門天《びしゃもんてん》においのりなさい。そうすれば、かならずや毘《び》沙門天《しゃもんてん》がそなたにのりうつり、お守りくださるでしょう。人はどんなに強くても神仏《しんぶつ》にはかないません。」

信仰心《しんこうしん》のあつい母のもとで景虎《かげとら》はそだてられ、七才になると林泉寺《りんせんじ》に入り、きびしい禅宗《ぜんしゅう》の修行《しゅぎょう》と学問、武芸《ぶげい》にはげんだ。

この年に父為景《ためかげ》は、一揆《いっき》を起こしてさからう一向宗徒《いっこうしゅうと》との戦《いくさ》で亡《な》くなり、兄の晴景《はるかげ》が春日《かすが》山城主《やまじょうしゅ》をついだ。

「こまったことだ。晴景《はるかげ》さまは、気が弱くて家臣《かしん》をまとめられない。」

「反乱《はんらん》を起こして、領地《りょうち》をかってにひろげる者もいる。」

「すぐに反乱者《はんらんしゃ》をせめて領地《りょうち》を取りもどさなければならないが、晴景《はるかげ》さまにはその気がない。」

「弟の景虎《かげとら》さまは、やりが得意《とくい》で、勇敢《ゆうかん》なおかたらしい。」

「ああ、知っている。戦《いくさ》で先頭に立ってせめこむすがたは、毘沙門天《びしゃもんてん》の化身《けしん》、といわれているそうだ。」

「晴景《はるかげ》さまでなく、いさましい景虎《かげとら》さまが春日山城主《かすがやまじょうしゅ》になられればよい。」

家臣《かしん》のあいだでささやかれていた話が晴景《はるかげ》の耳に入ると、晴景《はるかげ》は景虎《かげとら》をにくむようになった。

「このまま兄弟のなかが悪くなれば、越後《えちご》がふたつにわれてしまうではないか。」

越後守護《えちごしゅご》の上杉定実《うえすぎさだざね》が、景虎《かげとら》を晴景《はるかげ》の養子《ようし》にすることで、危機《きき》をさけさせた。なっとくした兄、晴景《はるかげ》は、十九才になった景虎《かげとら》に春日山城主《かすがやまじょうしゅ》の座《ざ》をゆずった。

「まず、越後《えちご》を平定せねばならない。毘沙門天《びしゃもんてん》の名のもとに……。」

景虎《かげとら》は、戦《いくさ》になると自分が先頭に立ち、烈火《れっか》のようなはげしさでせめた。

「敵《てき》の長尾景虎《ながおかげとら》はどこにいる?」

「おまえ、あの毘沙門天《びしゃもんてん》の『毘《び》』と『龍《りゅう》』の旗《はた》が目に入らんのか。あの旗《はた》の下に大将景虎《たいしょうかげとら》がいるのだ。」

「なんてこった。うちの大将《たいしょう》は、戦《いくさ》の時、安全な後ろにでんとすわっているのに。」

やがて、白地に「毘《び》」と「龍《りゅう》」と大きくそめぬかれた旗印《はたじるし》がひるがえるだけで、軍神毘沙《ぐんしんびしゃ》門天《もんてん》の化身景虎《けしんかげとら》が来襲《らいしゅう》したと、見た者は恐怖《きょうふ》におそわれた。

「越後《えちご》の景虎《かげとら》は、かならず約束《やくそく》をまもる。たのまれたらことわることはない。あっぱれな武《ぶ》将《しょう》だ。」

そのころ、※関東管領《かんとうかんれい》である上杉憲政《うえすぎのりまさ》が、景虎《かげとら》をたよってきた。上杉憲政《うえすぎのりまさ》は小田原《おだわら》の北条氏《ほうじょううじ》康《やす》に、※上野《こうずけ》の国の平井城《ひらいじょう》をうばわれたのだ。景虎《かげとら》は、春日山城《かすがやまじょう》下に館《やかた》を建《た》て(御館《おたて》)、憲政《のりまさ》をむかえいれた。

「関東管領《かんとうかんれい》をおいだすなど、北条《ほうじょう》はけしからぬ。関東管領《かんとうかんれい》をお助けするために、この景虎《かげとら》、小田原《おだわら》をせめにまいる。」

※関東管領《かんとうかんれい》　鎌倉公方《かまくらくぼう》(幕府《ばくふ》の役所)の仕事をたすける官職《かんしょく》。
※上野《こうずけ》　現在《げんざい》の群馬《ぐんま》県。

景虎《かげとら》はこの時から、生涯《しょうがい》に十四回も関東《かんとう》へ出陣《しゅつじん》している。

さらにまた、景虎《かげとら》をたよるものがいた。武田信玄《たけだしんげん》にせめられた北信濃《きたしなの》の村上氏《むらかみし》、高梨氏《たかなしし》が、親類《しんるい》の縁《えん》をたよりに、景虎《かげとら》のもとへ助けを求《もと》めてきた。信玄《しんげん》に城《しろ》を取られたのだ。

「武田《たけだ》のために先祖代々《せんぞだいだい》の領地《りょうち》と城《しろ》をうばわれ、まことに気の毒《どく》なこと。信玄《しんげん》に信濃《しなの》の北、善光寺平《ぜんこうじだいら》まで侵入《しんにゅう》されれば、わが越後《えちご》もあやうい。この景虎《かげとら》、毘沙門天《びしゃもんてん》にちかって、みなさまがたをお助けいたす。」

景虎《かげとら》は、出陣《しゅつじん》を決意した。武田信玄《たけだしんげん》が信濃《しなの》の北まで領地《りょうち》としてしまえば、つぎにせめいるのは越後《えちご》だ。ここは景虎《かげとら》、武田《たけだ》から北信濃《きたしなの》を取りもどすためにうごかねばならない。

景虎《かげとら》ひきいる越後《えちご》の兵《へい》は、春日山城《かすがやまじょう》をたち、ついに信濃《しなの》に入った。

川中島《かわなかじま》の合戦《かっせん》

信州善光寺平《しんしゅうぜんこうじだいら》の南、犀《さい》川と千曲《ちくま》川にはさまれた場所は、川中島《かわなかじま》とよばれていた。

「人として正しい道をはずれた武田《たけだ》をせめる！」

景虎《かげとら》は、毘沙門天《びしゃもんてん》の「毘《び》」と「龍《りゅう》」の旗《はた》をはためかせ、春日山城《かすがやまじょう》を出発し、信州《しんしゅう》へむかった。

天文《てんぶん》二十二（一五五三）年八月五日、景虎《かげとら》は犀《さい》川のほとりに陣《じん》をはり、信玄《しんげん》をまつ。いっぽう、信玄《しんげん》は、景虎軍到来《かげとらぐんとうらい》の知らせをうけ、甲府《こうふ》を出発し千曲《ちくま》川の岸に陣《じん》をかまえた。川中《かわなか》島《じま》の向こうの景虎軍《かげとらぐん》の陣構《じんがま》えには、一寸《いっすん》のすきもない。

「さすがの陣構《じんがま》え。せめいるすきは見えぬ。」

信玄《しんげん》の陣《じん》には、「諏訪大明神《すわだいみょうじん》」と「風林火山《ふうりんかざん》」の旗《はた》がひるがえる。風林火山《ふうりんかざん》とは「はやきこと風の如《ごと》く、しずかなること林の如《ごと》く、侵略《しんりゃく》すること火の如《ごと》く、動かざること山の如《ごと》し」のことで、中国の兵法書《へいほうしょ》「孫子《そんし》」にしるされていることばである。その旗《はた》は、強さで知られた信玄軍《しんげんぐん》の旗印《はたじるし》として、世におそれられていた。

信玄《しんげん》も景虎《かげとら》も、幼《おさな》いころから禅寺《ぜんでら》できびしい修行《しゅぎょう》をつみ、学問や兵法《へいほう》にすぐれ、民《たみ》の暮《く》らしをよくすることに熱心《ねっしん》であり、勇敢《ゆうかん》で智恵《ちえ》にすぐれた武将《ぶしょう》どうし。力に優劣《ゆうれつ》のつけられない、にらみあいの勝負がつづく。ふたりにちがいがあるとすれば、信玄《しんげん》が慎重《しんちょう》であるのに対し、景虎《かげとら》が勇猛《ゆうもう》な武将《ぶしょう》であることだ。

九月に入り、ついに川中島《かわなかじま》で合戦《かっせん》の火ぶたが切られ、両軍《りょうぐん》いりみだれた。やがて武田軍《たけだぐん》の旗色《はたいろ》が悪くなると見るや、信玄《しんげん》の決断《けつだん》は速かった。

「ひけー、全軍《ぜんぐん》、深志城《ふかしじょう》までひくのじゃ。」

信玄《しんげん》は伝令《でんれい》を走らせ、兵《へい》を深志城《ふかしじょう》にひかせた。

「追うなー。追うてはならぬ。」

景虎《かげとら》は、武田軍《たけだぐん》を深追いせずに越後《えちご》への帰途《きと》につく。この時、景虎《かげとら》は上洛《じょうらく》をひかえていたのであった。

第一回目の信玄《しんげん》と景虎《かげとら》の戦《たたか》いは、こうして終わった。

第二回目の川中島《かわなかじま》の合戦《かっせん》は、その二年後の弘治《こうじ》元（一五五五）年七月。越後《えちご》景虎軍《かげとらぐん》に対する武田軍《たけだぐん》は、善光寺《ぜんこうじ》に五千、川中島《かわなかじま》に三千の兵《へい》をおき、三百丁の鉄砲《てっぽう》を新兵器《しんへいき》として導入《どうにゅう》した。武田軍《たけだぐん》は最初優勢《さいしょゆうせい》であったが、結局《けっきょく》にらみあいとなり、九十日におよぶなか、ついに今川義元《いまがわよしもと》がなかに入り、戦《いくさ》を終わらせる話しあいになった。

さらに二年後、信玄《しんげん》と景虎《かげとら》の軍《ぐん》は弘治《こうじ》三（一五五七）年八月、川中島《かわなかじま》でむきあう。

信玄《しんげん》は、

「戦《いくさ》は勝つことより、負けないようにすることが大事。」

と、この時も「動かざること山の如《ごと》し」の用心深さで景虎軍《かげとらぐん》とにらみあいをつづけた。とうとう合戦《かっせん》にはいたらずに、信玄《しんげん》も景虎《かげとら》も、他国での戦《いくさ》に軍《ぐん》をさしむけるために戦《いくさ》をやめた。

この少しあとの永禄《えいろく》四（一五六一）年。

「景虎殿《かげとらどの》。この上杉憲政《うえすぎのりまさ》、たっての願《ねが》いだ。そなたが関東管領《かんとうかんれい》になってくだされ。」

この願《ねが》いをききいれ、景虎《かげとら》は三月十六日、鎌倉《かまくら》の鶴岡八幡宮《つるがおかはちまんぐう》で関東管領《かんとうかんれい》に就任《しゅうにん》し、上杉景《うえすぎかげ》虎《とら》となった。時を同じくして、信玄《しんげん》は京の将軍家《しょうぐんけ》より信濃守護《しなのしゅご》ににんじられた。

「川中島《かわなかじま》の戦《いくさ》は、いつもにらみあいに終わり、何か手をうたねばらちがあきませんな。」

軍師山本勘助《ぐんしやまもとかんすけ》が、信玄《しんげん》や重臣《じゅうしん》らとの話しあいの場でいいだした。

「勘助《かんすけ》、何か策《さく》があるのだな。」

信玄《しんげん》が、にやりとしながら勘助《かんすけ》を見る。ございますと頭を下げて、勘助《かんすけ》はひろげられた川《かわ》中島《なかじま》の地図の一点をさししめした。

「ここに、城《しろ》をきずいてはいかがと……。」

「北は千曲《ちくま》川がながれ、東、西、南の三方は、山が壁《かべ》となって守りがかたい。この場所なら川中島《かわなかじま》が見わたせるというわけか。」

重臣《じゅうしん》たちは、たがいに顔を見あわせ、なるほど、よいではござらぬか、とうなずきあった。

「みなもなっとくしているようだ。では勘助《かんすけ》、そなたに城《しろ》づくりをまかす。いそぎ取りかかれ。」

山本勘助《やまもとかんすけ》が三か月たらずで完成《かんせい》させたこの城《しろ》は、海津城《かいづじょう》と名づけられた。

啄木鳥《きつつき》の戦法《せんぽう》

冬になると、越後《えちご》の国は雪が深く、戦《いくさ》に出ることができなくなる。しかし、景虎《かげとら》はたびたび関東《かんとう》の小田原《おだわら》攻《ぜ》めに出て、八度ばかり冬を関東《かんとう》ですごしている。小田原《おだわら》の北条氏《ほうじょうし》の勢《いきお》いをおさえるために、関東管領《かんとうかんれい》となった上杉景虎《うえすぎかげとら》が、関東《かんとう》へ進軍《しんぐん》している時のことである。

「景虎《かげとら》をあわてさせてやろう。小田原《おだわら》へ援軍《えんぐん》をおくれ。そしてわれらは、上杉《うえすぎ》がわについている※飛騨《ひだ》をせめる。」

信玄《しんげん》の軍《ぐん》は、飛騨《ひだ》の国にゆさぶりをかけ、飛騨《ひだ》の国の城《しろ》をいくつか、上杉《うえすぎ》から武田《たけだ》に寝《ね》がえらせた。

「おのれ信玄《しんげん》。北条《ほうじょう》とむすび、なまいきな。飛騨《ひだ》に手を出すなど、ゆるせないことだ。」

信玄《しんげん》への怒《いか》りが、景虎《かげとら》をつきうごかした。永禄《えいろく》四（一五六一）年八月十四日、景虎《かげとら》は一万あまりの兵《へい》をひきいて、川中島《かわなかじま》へむかった。

「きたー。景虎《かげとら》がやってきました。」

千曲《ちくま》のほとりの海津城《かいづじょう》をまもる高坂昌信《こうさかまさのぶ》は、その知らせをうけ、のろしを上げさせた。のろしの信号《しんごう》は、信州《しんしゅう》の山から山へ、そして甲斐《かい》の山から山へつぎつぎと上げられ、二時間後甲府《こうふ》につたえられた。

※飛騨《ひだ》　現在《げんざい》の岐阜《ぎふ》県北部。

「お屋形《やかた》さま、ついに越後《えちご》の上杉《うえすぎ》がやってまいりました。」

「ついにきたか。」

まちわびていたように信玄《しんげん》は立ちあがると、

「川中島《かわなかじま》へまいる。すぐにしたくにかかれ。」

と命令《めいれい》した。

いっぽう、景虎《かげとら》は二日後、十六日朝に川中島《かわなかじま》へ到着《とうちゃく》した。千曲川《ちくま》をわたり、すぐに海津城《かいづじょう》をせめとりにかかるかと思われていたが、海津城《かいづじょう》には何もせず、海津城《かいづじょう》を見おろす妻女山《さいじょ》にのぼってしまった。妻女山《さいじょ》には「毘《び》」と「龍《りゅう》」の旗《はた》がかかげられた。

「お屋形《やかた》さまが甲府《こうふ》より到着《とうちゃく》される前に、城《しろ》を取られるかと肝《きも》をひやしたが、まず、よかった。」

海津城《かいづじょう》をまもっていた高坂昌信《こうさかまさのぶ》は胸《むね》をなでおろした。

甲府《こうふ》をたった信玄《しんげん》は、十八日に諏訪大社《すわたいしゃ》で戦勝祈願《せんしょうきがん》をして川中島《かわなかじま》をめざした。

「お屋形《やかた》さま、諏訪《すわ》、信濃《しなの》の軍勢《ぐんぜい》をあわせ、わが軍《ぐん》は総勢《そうぜい》一万二千。上杉軍《うえすぎぐん》は一万の兵《へい》で妻《さい》女《じょ》山におります。」

「海津城《かいづじょう》をにらむ妻女山《さいじょさん》に陣《じん》をしくとは。『虎穴《こけつ》に入らずんば虎子《こじ》をえず』というが、だいたんな……さすが景虎《かげとら》。われらは、茶臼山《ちゃうすやま》に陣《じん》をしけ。」

二十四日に信玄《しんげん》が陣《じん》をしいた茶臼山《ちゃうすやま》は、北国街道《ほっこくかいどう》に面し、上杉軍《うえすぎぐん》の越後《えちご》への退路《たいろ》をたつ場所に位置《いち》していた。どちらの軍《ぐん》が先にうごき戦《いくさ》をしかけるか、緊張《きんちょう》がつづいたが、うごかぬまま五日がすぎた。両軍《りょうぐん》ともだんだん気がゆるみ、重臣《じゅうしん》たちは、士気《しき》が落ちてきたことを心配しはじめた。

「お屋形《やかた》さま、妻女山《さいじょさん》の景虎《かげとら》は、自ら小鼓《こつづみ》をうち、のどかに謡曲《ようきょく》など歌っているそうでございます。」

「景虎《かげとら》め。わしが妻女山《さいじょさん》にしかけるのを、ねらっているな。われらからしかければ、敵《てき》の思うつぼ。われらには分《ぶ》が悪い。敵《てき》の思うようにはならぬ。われらは、海津城《かいづじょう》へ入る。」

信玄《しんげん》は上杉軍《うえすぎぐん》がうごかぬと見て、景虎《かげとら》らの陣《じん》どる妻女山《さいじょさん》の前を堂々《どうどう》と横切り、海津城《かいづじょう》へ入ってしまった。

「武田《たけだ》が茶臼山《ちゃうすやま》から海津城《かいづじょう》へうつってくれて、たすかった。これで越後《えちご》への退路《たいろ》は確保《かくほ》されたな。」

妻女山《さいじょ》にこもる景虎《かげとら》の陣《じん》では、重臣《じゅうしん》たちがほっとした表情《ひょうじょう》をかくさなかった。しかしあいかわらず、景虎《かげとら》は顔色ひとつ変《か》えず、謡曲《ようきょく》を歌いながら海津城《かいづじょう》を凝視《ぎょうし》していた。

武田《たけだ》の兵《へい》二万人が立てこもる海津城《かいづじょう》では、信玄《しんげん》の前で軍議《ぐんぎ》がひらかれていた。

「もう立てこもって二週間をこえております。」

「これ以上《いじょう》じっとしてはおれませぬ。上杉《うえすぎ》におびえた甲斐《かい》の兵《へい》は、腰《こし》ぬけだといわれましょう。」

「お屋形《やかた》さま、合戦《かっせん》を……。」

「さて、どうするか。勘助《かんすけ》、いかがじゃ？」

「されば、『啄木鳥《きつつき》の戦法《せんぽう》』はいかがかと。」

軍師《ぐんし》山本勘助《やまもとかんすけ》が、地図の上の駒《こま》をうごかして説明《せつめい》する。

「兵《へい》をふたてに分けまする。まず一隊《たい》は、妻女山《さいじょ》のうらからのぼり、上杉《うえすぎ》の背後《はいご》からつつきます。景虎《かげとら》らは、おどろきあわてて山をかけくだり、川中島《かわなかじま》へ走りこみましょう。そこにお屋形《やかた》さまの一隊《たい》がまちうけて、上杉勢《うえすぎぜい》をたたきつぶすのです。いかがでございましょう。」

「なるほど、うらからつついてとびだしたところを、まちぶせてやっつけるのだな。」

「奇策《きさく》じゃ。」

「さすが勘助《かんすけ》。おもしろい戦法《せんぽう》じゃ。」

九月九日、軍議《ぐんぎ》はまとまり、武田軍《たけだぐん》は『啄木鳥《きつつき》の戦法《せんぽう》』で上杉軍《うえすぎぐん》をせめることになった。

「さあ、出陣前《しゅつじんまえ》のたきだしじゃ。三食ぶんは用意せねば。」

海津城《かいづじょう》から、おびただしいたきだしの煙《けむり》がのぼるのを、景虎《かげとら》はいつもとちがうと見た。

「武田《たけだ》が、うごくぞ。」

景虎《かげとら》は、重臣《じゅうしん》をあつめ、つぎつぎに命令《めいれい》をくだした。

「夜のやみにまぎれて、敵《てき》にさとられぬよう全軍《ぜんぐん》下山せよ。」

「声を立てるな。しずかにやれ。」

「かがり火をあかあかと山上にたけ。紙の旗印《はたじるし》をつくって、立てておけ。」

「馬をいななかせてはならぬ。」

馬の声を立てさせないために、馬の舌《した》を下あごにくくりつけさせた。

上杉軍《うえすぎぐん》は午後十一時に下山をはじめ、音を立てぬよう、しずしずと千曲川《ちくま》をわたり、夜中の二時には川中島《かわなかじま》へたっした。

景虎《かげとら》が川中島《かわなかじま》についても、妻女山《さいじょ》にはおびただしい旗《はた》が立てられ、こうこうとたいまつがもえ、上杉軍《うえすぎぐん》の兵士《へいし》たちが立てこもっているかのようであった。

信玄《しんげん》と、「鶴翼《かくよく》の陣《じん》」対「車がかりの陣《じん》」

信玄《しんげん》の軍《ぐん》はふたてに分かれた。

「よいか。夜明けまでに、妻女山《さいじょ》のうらから山頂《さんちょう》へのぼるのだ。そして上杉軍《うえすぎぐん》を、背後《はいご》からおそう。」

高坂昌信《こうさかまさのぶ》を先頭に、一万二千の兵《へい》は夜中をすぎてから海津城《かいづじょう》を出た。武田軍《たけだぐん》はひたひたと妻女山《さいじょ》うらへむかい、山頂《さんちょう》をめざす。

「われらのこりの軍勢《ぐんぜい》は、夜明け前に川中島《かわなかじま》へ出て、啄木鳥《きつつき》につつかれにげおりてくる上杉《うえすぎ》軍《ぐん》を、むかえうつ。」

海津城出発《かいづじょう》にあたり、信玄《しんげん》は高らかにつげた。信玄《しんげん》の軍《ぐん》は、信玄《しんげん》の弟の信繁《のぶしげ》や、二十四才の嫡男義信《ちゃくなんよしのぶ》、山本勘助《やまもとかんすけ》ら八千人。

「啄木鳥《きつつき》につつかれた景虎《かげとら》の顔を、早く見たいものじゃ。」

本陣《ほんじん》には「風林火山《ふうりんかざん》」の旗《はた》と「諏訪大明神《すわだいみょうじん》」の旗《はた》が高々と立てられた。

信玄《しんげん》は黒くいかめしいよろいの上に赤の法衣《ほうい》をまとい、軍配《ぐんばい》うちわを右手にどっかといすに腰《こし》かけた。

午前六時。何も見えないほどこく立ちこめていた朝霧《あさぎり》が、しだいにうすれてきた。とつぜん、川中島《かわなかじま》の信玄《しんげん》の陣《じん》の正面一帯《いったい》から、人馬の足音と怒号《どごう》がわきあがった。つぎの瞬間《しゅんかん》、砂《さ》塵《じん》がまきおこり、とてつもなく巨大《きょだい》な黒い軍団《ぐんだん》が武田勢《たけだぜい》におそいかかった。

一団《いちだん》がすぎると、またあらたな一団《いちだん》がおそいかかる。軍団《ぐんだん》は目印《めじるし》に立てられた旗《はた》を中心として水車のように回転し、つぎつぎにあらたな軍勢《ぐんぜい》をくりだした。車がかりの陣《じん》で、武田勢《たけだぜい》の陣《じん》の中央をぐんぐん切りくずしていく。

「妻女山《さいじょ》にいるはずの上杉《うえすぎ》が……！」

「なんで川中島《かわなかじま》にいる？」

武田勢《たけだぜい》はあわてふためいて、応戦《おうせん》する。

「うぬ、景虎《かげとら》め。いつのまに……。われらの考え、よまれていたか。」

深く息をすうと、信玄《しんげん》は命令《めいれい》する。

「敵《てき》は車がかりの陣《じん》である！　車がかりで中央をくずされてしまう前に、鶴翼《かくよく》の陣《じん》にするのだ。いそげ！　鶴翼《かくよく》だ。」

すでに、全軍《ぜんぐん》いりみだれての合戦《かっせん》になっていた。もう、陣構《じんがま》えどころではない。

ぎらぎらした目を見ひらき、信玄《しんげん》はさらに大声をはりあげた。

「ひるむな！　まもなく妻女山《さいじょ》から味方がまいる。もちこたえよ。」

その時だ。

「ここにいたか！」

という大声とともに、みごとな馬にまたがり太刀《たち》をふりかざした白ずきんの武者《むしゃ》が、信玄《しんげん》の前におどりこんできた。上杉軍《うえすぎぐん》の大将景虎《たいしょうかげとら》だ。つぎの瞬間《しゅんかん》、太刀《たち》がふりおろされ、信玄《しんげん》はとっさに軍配《ぐんばい》うちわでそれをうけた。

「とう！　とう！」

景虎《かげとら》は渾身《こんしん》の力をこめ、三度、信玄《しんげん》に太刀《たち》をふりおろした。うける信玄《しんげん》の軍配《ぐんばい》うちわは、信玄《しんげん》の血にそまる。

「お屋形《やかた》さまがあぶない！」

信玄《しんげん》のそばに、家来《けらい》はやりを手に走りよる。信玄《しんげん》に斬《き》りかかる景虎《かげとら》にむかって、家来《けらい》がやりをつく。そのやりがはずれて馬にささり、馬は

「ヒヒーン。」

とひと声いなないてぼう立ちになったかと思うと、景虎《かげとら》をのせたまま走りだした。

あっというまのできごとであった。

景虎《かげとら》のふりおろしたのは三太刀《たち》。しかし、信玄《しんげん》の軍配《ぐんばい》うちわには七太刀《たち》ぶんの刀傷《かたなきず》がのこったといわれている。

啄木鳥《きつつき》の戦法《せんぽう》で、妻女山《さいじょ》をせめにいった一万二千の武田勢《たけだぜい》は、もぬけのからの陣《じん》を発見。

「はかられた!」「上杉勢《うえすぎぜい》はどこだ?」とあわてふためいた。

妻女山《さいじょ》から見おろせば、川中島《かわなかじま》では合戦《かっせん》がはじまっているではないか。武田勢《たけだぜい》は大あわてで妻女山《さいじょ》をかけおり、上杉勢《うえすぎぜい》に追撃《ついげき》をかけた。

「ひけー、ひけー。」

「全軍《ぜんぐん》ひけー。」

上杉軍《うえすぎぐん》は川中島《かわなかじま》から退却《たいきゃく》していく。

壮絶《そうぜつ》な合戦《かっせん》のあと、川中島《かわなかじま》には何千もの落命者《らくめいしゃ》がのこされた。

この時の合戦《かっせん》、前半は上杉軍《うえすぎぐん》が、後半は武田軍《たけだぐん》が優勢《ゆうせい》の合戦《かっせん》であったが、すさまじい上杉《うえすぎ》勢《ぜい》の攻撃《こうげき》で、信玄《しんげん》の弟信繁《のぶしげ》はじめ軍師《ぐんし》山本勘助《やまもとかんすけ》は、壮絶《そうぜつ》な戦死《せんし》をした。

このたのちも、武田《たけだ》は川中島一帯《かわなかじまいったい》を領有《りょうゆう》することはできず、三年後の永禄《えいろく》七(一五六四)年、ふたたび信玄《しんげん》と景虎《かげとら》は川中島《かわなかじま》で対陣《たいじん》する。しかし、六十日間のにらみあいに終わった。

信玄《しんげん》と景虎《かげとら》はともに、すぐれた武将《ぶしょう》であったので、十年にわたる川中島《かわなかじま》の合戦《かっせん》では、ついに勝負がつかなかったのである。

その後、元亀元《げんき》（一五七〇）年の年の暮《く》れ、四十一才となった上杉景虎《うえすぎかげとら》（政虎《まさとら》という名もある）は、名を謙信《けんしん》とあらためることとなる。

塩《しお》どめ

信玄《しんげん》は謙信《けんしん》と五度も川中島《かわなかじま》であらそったが、領土《りょうど》も手に入らず、弟や軍師山本勘助《ぐんしやまもとかんすけ》などたくさんの戦死者《せんししゃ》を出しただけであった。

「謙信《けんしん》のいるかぎり、もはや北へはすすめぬ。このうえは今川《いまがわ》のいる駿河《するが》に進攻《しんこう》し、海を手にいれたい。甲斐《かい》も信濃《しなの》も、海がないからな。」

武田《たけだ》はそれまで代々《だいだい》、駿河《するが》の今川《いまがわ》や小田原《おだわら》の北条《ほうじょう》と親類関係《しんるいかんけい》をむすんで同盟《どうめい》をたもってきたが、信玄《しんげん》はそれをやぶることにしたのだ。

最後《さいご》の川中島《かわなかじま》の戦《たたか》いから三年後の永禄《えいろく》十（一五六七）年のことである。

「信玄《しんげん》め。この今川《いまがわ》家をせめるなど、約束違反《やくそくいはん》ではないか。」

今川義元《いまがわよしもと》のなきあと、あとをついだ息子の氏真《うじざね》は、かんかんにおこった。

「かくなるうえは、塩《しお》どめじゃ。海のない甲斐《かい》へ塩《しお》をおくることをとめるのだ。約束《やくそく》をやぶった武田信玄《たけだしんげん》の国をくるしめてやれ。北条《ほうじょう》や上杉《うえすぎ》にも協力《きょうりょく》させよ。」

塩《しお》が入ってこなくなった甲斐《かい》の人々はこまりはてた。上杉景虎《うえすぎかげとら》は約束《やくそく》をやぶられた今川《いまがわ》に同情《どうじょう》はしたものの、

「勝敗《しょうはい》は弓矢《ゆみや》をとって決するもの。塩《しお》をとめて民《たみ》をくるしめるなど、ひきょう千万《せんばん》。甲斐《かい》の国で必要《ひつよう》なだけ、値《ね》をつりあげることなく塩《しお》をおくることを約束《やくそく》する。」

という手紙を信玄《しんげん》におくっている。

元亀《げんき》三（一五七二）年、五十三才になった信玄《しんげん》は、上洛《じょうらく》することになった。将軍足利義昭《しょうぐんあしかがよしあき》の求《もと》めにより、京へ上るのだ。信玄《しんげん》のひきいる武田勢《たけだぜい》は圧倒的《あっとうてき》強さで駿河《するが》を手にいれ、十二月、三方《みかた》が原《はら》で徳川家康《とくがわいえやす》をやぶり、さらに前進しようとしていた。

「つぎは信長《のぶなが》をやぶり、いよいよ京へ近づく。信玄《しんげん》の天下取りも近い。」

と人々はうわさした。ところが年をこえたよく年、信玄《しんげん》は病にたおれてしまった。

「わしが死んだら、三年は秘密《ひみつ》にしておけ。」

と命令《めいれい》し、

「わしが死んだあとは、越後《えちご》の謙信《けんしん》をたよれ。謙信《けんしん》は、かならずや力になってくれるであろう。」

と、息子の勝頼《かつより》に遺言《ゆいごん》したという。

信玄《しんげん》はそれほど謙信《けんしん》という武将《ぶしょう》をみとめ、信頼《しんらい》していたのである。

信玄《しんげん》死す！の知らせをきいた謙信《けんしん》は、食事の膳《ぜん》を前に、もっていた箸《はし》を取りおとし、

「わたしは好敵手《こうてきしゅ》をうしなった。あれほどの英雄《えいゆう》男子はいない。」

と号泣《ごうきゅう》して、宿敵信玄《しゅくてきしんげん》の亡《な》くなったことを悲《かな》しんだといわれる。

信玄《しんげん》の死から五年後の天正《てんしょう》六（一五七八）年三月九日。謙信《けんしん》は関東出陣《かんとうしゅつじん》を目前にして春日《かすが》山城《やまじょう》でたおれ、十三日に亡《な》くなった。ふしぎなことに、謙信《けんしん》はその一か月前に辞世《じせい》の詩をつくっていた。

四十九年一睡《いっすい》の夢《ゆめ》　一期《いちご》の栄華《えいが》　一杯《いっぱい》の酒

（四十九年のわが生涯《しょうがい》は、一睡《いっすい》の夢《ゆめ》にすぎなかった。一生の栄華《えいが》は一杯《いっぱい》の酒のようなものだ。）

戦国《せんごく》時代の名将《めいしょう》、武田信玄《たけだしんげん》と上杉謙信《うえすぎけんしん》がこの世を去り、天正《てんしょう》十（一五八二）年三月。信玄《しんげん》の子の武田勝頼《たけだかつより》は織田信長《おだのぶなが》・徳川家康《とくがわいえやす》の連合軍《れんごうぐん》にやぶれさる。武田家《たけだけ》はここにほろびるが、上杉家《うえすぎけ》は存続《そんぞく》し、江戸《えど》時代に入っても大名家《だいみょうけ》としてつづいていくのである。

もっと知りたい!

川中島《かわなかじま》の戦《たたか》い

川中島《かわなかじま》の戦《たたか》いにかかわる資料館《しりょうかん》やゆかりの場所などを紹介《しょうかい》します。歴史《れきし》の知識《ちしき》も深まるよ!

八幡原史跡公園《はちまんばらしせき》（川中島古戦場《かわなかじまこせんじょう》）

五度にわたる信玄《しんげん》と謙信《けんしん》の戦《たたか》いのなかで、永禄《えいろく》四（一五六一）年の戦《たたか》いの舞台《ぶたい》になったのが八幡原《はちまんばら》。ここでの戦《たたか》いがもっともはげしく、多くの武将《ぶしょう》が戦《せん》死《し》した。信《しん》玄《げん》と謙信《けんしん》の銅像《どうぞう》がある。

〒381-2212　長野《ながの》県長野《ながの》市小島田《おしまだ》町1384
☎026-224-5054（長野《ながの》市役所公園緑地課《りょくちか》）

長野《ながの》市立博物館《はくぶつかん》

八幡原史跡《はちまんばらしせき》公園の敷地《しきち》内にある博《はく》物館《ぶつかん》。川中島《かわなかじま》の戦《たたか》いのあらすじを紹《しょう》介《かい》したビデオ、当時の文書などがみられる。

〒381-2212
長野《ながの》市小島田《おしまだ》町八幡原史跡《はちまんばらしせき》公園内
☎026-284-9011

海津城跡《かいづじょうあと》

山本勘助《やまもとかんすけ》が八十日間で普請《ふしん》したといわれる名城《めいじょう》。川中島平《かわなかじまだいら》全体を見わたす、戦略的《せんりゃくてき》に重要《じゅうよう》な地点にある。のちに松代城《まつしろじょう》と名が変わり、さらに明治《めいじ》時代に廃城《はいじょう》となったが、平成《へいせい》になって一部が復元《ふくげん》された。

〒381-1231
長野《ながの》県長野《ながの》市松代《まつしろ》町松代《まつしろ》44
☎026-278-2801（真田宝物館《さなだほうもつかん》）

信玄公宝物館《しんげんこうほうもつかん》

武田信玄《たけだしんげん》に関《かん》する資料《しりょう》、指定文化《していぶんか》財《ざい》を中心に、武具甲冑《ぶぐかっちゅう》、貴重《きちょう》な古文《こもん》書《じょ》があつめられている。

〒404-0053
山梨《やまなし》県甲州《こうしゅう》市塩山《えんざん》小屋敷《おやしき》2280番地
臨済宗乾徳山恵林寺山内《りんざいしゅうけんとくさんえりんじさんない》
☎0553-33-4560㈹

妻女山展望台《さいじょさんてんぼうだい》

川中島《かわなかじま》の戦《たたか》いの時、上杉謙信《うえすぎけんしん》の本《ほん》陣《じん》がおかれていたこの山からは、長《なが》野盆地《のぼんち》が一望《いちぼう》できる。

〒381-1234
長野《ながの》県長野《ながの》市松代《まつしろ》町岩野《いわの》
☎026-224-8316

山本勘助《やまもとかんすけ》の墓《はか》

永禄《えいろく》四年の第四次《だいよじ》川中島《かわなかじま》の戦《たたか》いで討《う》ち死《じ》にした、山本勘助《やまもとかんすけ》の墓《はか》。勘助《かんすけ》塚《づか》ともよばれている。

〒381-1214
長野《ながの》県長野《ながの》市松代《まつしろ》町柴《しば》
（千曲川河川敷《ちくまがわかせんじき》）

おすすめの本

・ポプラポケット文庫《ぶんこ》『上杉謙信《うえすぎけんしん》』ポプラ社2009年刊行《かんこう》
・ポプラポケット文庫《ぶんこ》『武田信玄《たけだしんげん》』ポプラ社2006年刊行《かんこう》
・『戦国最大《せんごくさいだい》のライバル対決《たいけつ》―信玄《しんげん》と謙信《けんしん》、川中島《かわなかじま》に激突《げきとつ》』理論社《りろんしゃ》2007年刊行《かんこう》

ウェブサイト

長野《ながの》市「信州《しんしゅう》・風林火山《ふうりんかざん》」特設《とくせつ》サイト　川《かわ》中島《なかじま》の戦《たたか》い
http://www.furin-kazan.jp/nagano/index.php

第二話

桶狭間《おけはざま》の戦《たたか》い

～若《わか》き信長《のぶなが》　世紀《せいき》の逆転劇《ぎゃくてんげき》～

の戦《たたか》いは勝利《しょうり》だったのか??

永禄《えいろく》三（一五六〇）年五月十九日、尾張《おわり》の桶狭間《おけはざま》（現在《げんざい》の愛知《あいち》県豊明《とよあけ》市）にて、駿河《するが》の大名《だいみょう》今川義元《いまがわよしもと》と尾張《おわり》の織田信長《おだのぶなが》が戦《たたか》った。世にいう「桶狭間《おけはざま》の戦《たたか》い」である。四万五千ともいわれる今川《いまがわ》の大軍《たいぐん》を、わずか二千の兵《へい》で織田軍《おだぐん》がうちやぶったことから、歴史上《れきしじょう》もっとも有名な逆転劇《ぎゃくてんげき》のひとつとして知られている。

それを可能《かのう》にしたのは、信長《のぶなが》の奇襲作戦《きしゅうさくせん》だったと長年いわれてきた。

桶《おけ》狭《はざ》間《ま》
奇《き》跡《せき》の

桶狭間《おけはざま》は窪地《くぼち》であり、そこで休息中の今川本隊《いまがわほんたい》をねらうため、信長《のぶなが》はひそかに回り道をして、豪雨《ごうう》のなか、丘《おか》の上から奇襲《きしゅう》をかけたとする説《せつ》だ。しかし、織田信長《おだのぶなが》の家臣《かしん》太田牛一《おおたぎゅういち》のしるした『信長公記《しんちょうこうき》』によれば、桶狭間《おけはざま》は窪地《くぼち》ではなく山であり、信長《のぶなが》は「迂回奇襲《うかいきしゅう》」ではなく「正面攻撃《しょうめんこうげき》」をとったという。

正面《しょうめん》からやみくもに戦《たたか》いをいどんで勝てる相手ではない。それは奇跡《きせき》だったのか？　信長《のぶなが》はどのような策《さく》をこうじて勝利《しょうり》を手にしたのだろう？

織田信長《おだのぶなが》

（1534～82年）

尾張《おわり》国（現在《げんざい》の愛知《あいち》県西部）の武《ぶ》将《しょう》、織田信秀《おだのぶひで》の嫡男《ちゃくなん》として生まれる。父のあとをつぎ、尾張《おわり》を統《とう》一《いつ》。桶狭間《おけはざま》の戦《たたか》いでの勝利《しょうり》を足がかりに勢力《せいりょく》を強め、姉川《あねがわ》の戦《たたか》いで浅井《あざい》・朝倉連合軍《あさくられんごうぐん》をやぶる。天下《てんか》統一《とういつ》をめざして一気に勢力《せいりょく》を拡大《かくだい》した。

濃姫《のうひめ》（1535～1612年）

美濃《みの》国（現在《げんざい》の岐阜《ぎふ》県南部）の武将斎藤道三《ぶしょうさいとうどうさん》の娘《むすめ》。政略結婚《せいりゃくけっこん》のため信長《のぶなが》にとつぐ。信長《のぶなが》とのあいだに子はなく、未亡人《みぼうじん》となったあとは織田信雄《おだのぶかつ》の庇護《ひご》のもとにくらしたとされる。

天沢《てんたく》（生没年不詳《せいぼつねんふしょう》）

戦国《せんごく》時代の天台宗《てんだいしゅう》の僧《そう》。信長《のぶなが》の居城《きょじょう》近くの天永寺《てんえいじ》の僧侶《そうりょ》。永禄《えいろく》年間に甲斐《かい》の武田信玄《たけだしんげん》のもとをおとずれ、信長《のぶなが》についてきかれた記述《きじゅつ》が『信長公記《しんちょうこうき》』にのこされている。

人物紹介《じんぶつしょうかい》

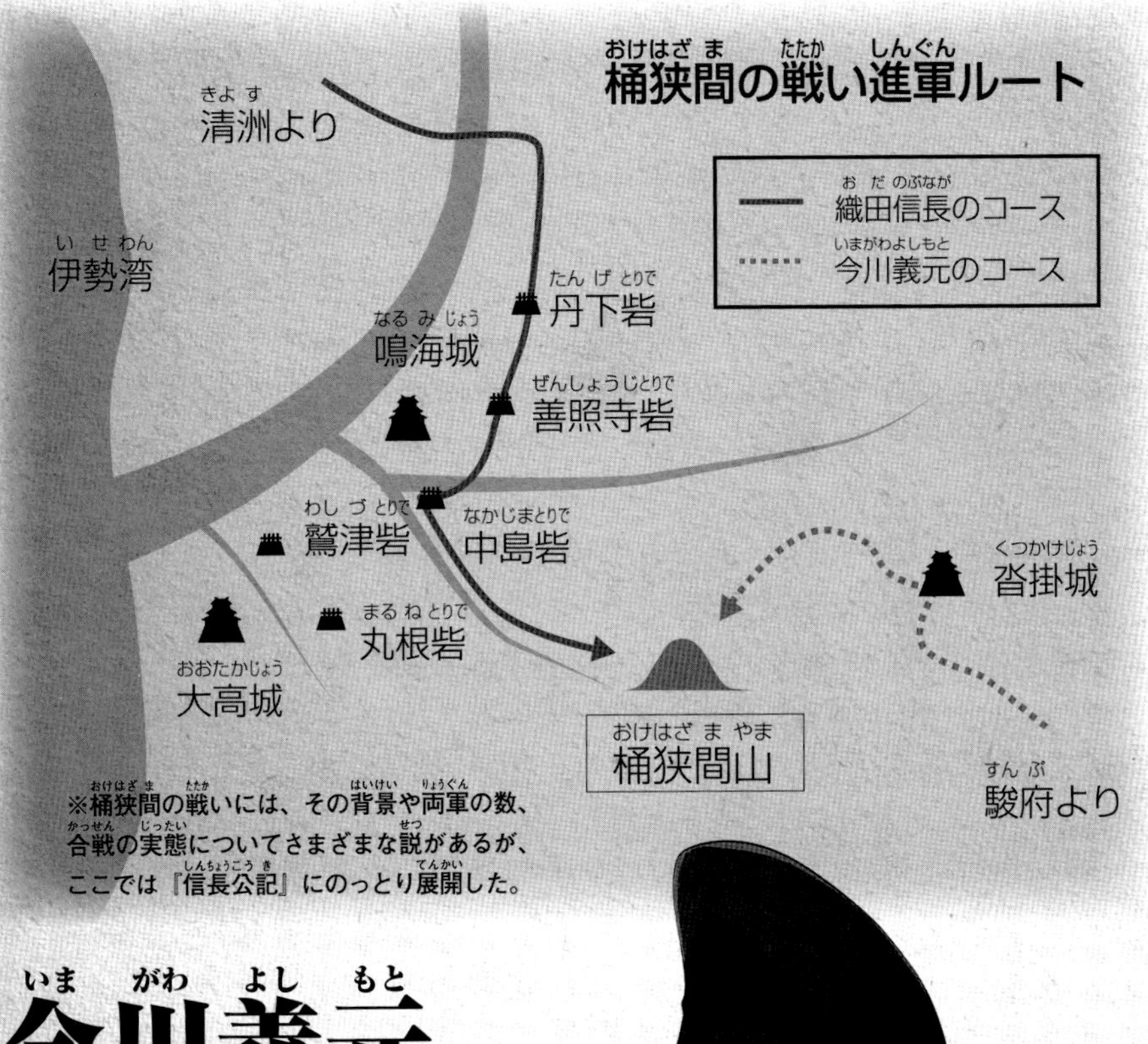

※桶狭間《おけはざま》の戦《たたか》いには、その背景《はいけい》や両軍《りょうぐん》の数、合戦《かっせん》の実態《じったい》についてさまざまな説《せつ》があるが、ここでは『信長公記《しんちょうこうき》』にのっとり展開《てんかい》した。

今川義元《いまがわよしもと》

(1519 ～ 60年)

東海地方一帯《いったい》を支配《しはい》する大大名《だいみょう》で、「海道《かいどう》一の弓取り」の異名《いみょう》をもつ。甲斐《かい》の武田信玄《たけだしんげん》、関東《かんとう》の北条氏康《ほうじょううじやす》とは義兄弟《ぎきょうだい》にあたる。天下にもっとも近い男といわれながら、桶狭間《おけはざま》でその夢《ゆめ》はついえた。享年《きょうねん》四十二才。

鷹《たか》狩《が》りの名人

木々の葉もあらかたちり、遠くの山はとうに雪をかぶっている。時おりこがらしのふくなかを、ひとりの僧《そう》が※甲斐《かい》の国境《くにざかい》へさしかかった。一切経《いっさいきょう》（仏教聖典《ぶっきょうせいてん》）を二度もよんだというから、徳《とく》の高い僧《そう》にちがいない。関所《せきしょ》の役人はその身分証《みぶんしょう》をあらためると、天沢《てんたく》と名のるその僧《そう》に声をかけた。

「せっかく甲斐《かい》へいらしたからには、信玄公《しんげんこう》にお会いになっていかれては？」

「信玄公《しんげんこう》……というと、武田信玄殿《たけだしんげんどの》か。」

これはよいみやげ話になる。そう思った天沢《てんたく》は、武田家《たけだけ》の館《やかた》へ立ちよることにした。

「関東《かんとう》へくだるとちゅうとおききしたが、和尚《おしょう》はどちらのおかたじゃ？」

とおされた一室にあらわれた信玄《しんげん》は、四十まぢかとは思えぬ若々《わかわか》しさ。じつの父を追放《ついほう》し家督《かとく》をうばったという話からはほど遠い、おだやかな雰囲気《ふんいき》をただよわせている。

※**甲斐《かい》**　現在《げんざい》の山梨《やまなし》県。

「※尾張《おわり》の者でございます。織田信長公《おだのぶながこう》の居城《きょじょう》である清洲《きよす》から東へ五十町《ちょう》ほど行った、天永寺《てんえいじ》という寺におりまする。武田《たけだ》さまは信長《のぶなが》さまをごぞんじでいらっしゃいますか?」

信長《のぶなが》といえば、この春、岩倉城《いわくらじょう》をせめおとし、尾張《おわり》を統一《とういつ》したときいている。町に火をつけ城《しろ》をはだかにし、おまけに火矢や鉄砲《てっぽう》でしつこくせめたときくが、どんな男なのだろう。年は、たしか二十五、六才のはず……。

「おうわさだけはきいておる。和尚《おしょう》、よければ信長公《のぶながこう》の日々のようすを話してはくれぬか。」

「はい。信長《のぶなが》さまの朝は、愛馬の調教《ちょうきょう》からはじまります。また、鉄砲《てっぽう》や弓のけいこも欠《か》かしませぬ。鷹狩《たかが》りをこのみ、しばしばお出かけになります。」

「鷹狩《たかが》りか。ほかにどのような趣味《しゅみ》をおもちじゃ?」

「舞《まい》と小唄《こうた》もおすきです。清洲《きよす》の町の友閑《ゆうかん》という者に手ほどきをうけました。幸若舞《こうわかまい》のうち『敦盛《あつもり》』をこのんで舞《ま》われます。」

「小唄《こうた》はどのようなものを?」

「『死のふは一定《いちじょう》　しのび草には何をしよぞ　一定《いちじょう》かたりをこすよの』でございます。」

※尾張《おわり》　現在《げんざい》の愛知《あいち》県西部。

人は死ぬことがさだめ。後世《こうせい》の人にかたりつがれるために、自分は何をしよう――か。信玄《しんげん》にはそれが、まだ見ぬ信長《のぶなが》の死生観《しせいかん》に思われた。死ぬ前に何を成《な》しとげるつもりなのだ……。

「武田《たけだ》さま、いかがなされました?」

「いや、何でもない。和尚《おしょう》、せっかくだ。ぜひ信長公《のぶながこう》のまねをして見せてはもらえぬか。」

「と、とんでもないことでございます。わたくしは出家の身。小唄《こうた》など歌ったことがございませぬ。」

天沢《てんたく》は、まっ赤にそまった頭を左右にふった。

「おぬし、それでわしのまねをしたのか? 歌ったのか? それとも舞《ま》ったのか?」

よく年のはじめ、天沢《てんたく》は清洲城《きよすじょう》の大広間で、この時の話を信長《のぶなが》にしてきかせていた。

「どうぞこれ以上《いじょう》はごかんべんを。」

「どうなのじゃ。はっきりこたえろ。」

「じつは……まねをさせていただきました。武田《たけだ》さまがぜひにと申されましたので。」

「わははは！」

と信長《のぶなが》が天井《てんじょう》をあおいだので、天沢《てんたく》は息をつき、衣《ころも》のそでで汗《あせ》をぬぐった。いまでこそ尾張《おわり》の国主《こくしゅ》となったが、かつては大うつけとよばれた男だ。父の葬式《そうしき》にはかまもつけず、たばねただけの髪《かみ》であらわれ、棺《ひつぎ》に抹香《まっこう》をたたきつけたその人である。

「やはり織田家《おだけ》のあとつぎは弟の信行《のぶゆき》さまじゃな。このような非常識《ひじょうしき》な男にはまかせられぬ。」と、そこにいただれもが思った。しかし信長《のぶなが》は対抗《たいこう》する勢力《せいりょく》をつぎつぎとうちまかし、しまいには、清洲城《きよすじょう》に自分の見舞《みま》いにきた信行《のぶゆき》をころしてしまったのだ。

（あれも仮病《けびょう》をつかっておびきだしたときいている。おそろしい男だ。機嫌《きげん》をそこねようものなら、このわたしも生きては帰れぬぞ。）

「で、ほかにどのような話をした？」

「はい。信長《のぶなが》さまの鷹狩《たかが》りについてお話ししました。アブをくりつけたわらを馬にのった者にもたせ、獲物《えもの》のまわりをゆっくり歩かせて近よるようすや、農夫《のうふ》のかっこうをさせた者をおいて獲物《えもの》を油断《ゆだん》させ、鷹《たか》がしとめた獲物《えもの》はこの役が取りおさえることなどを。」

「信玄《しんげん》は何と申した?」

「『信長殿《のぶながどの》は合戦《かっせん》がうまいときいていたが、狩《か》りのたくみさをきくと、なるほどそのとおりだな。』と感心しておられました。」

「ふん」と、信長《のぶなが》は鼻を鳴らした。武田信玄《たけだしんげん》といえば、姉が※駿河《するが》にとつぎ、今川義元《いまがわよしもと》とは義《ぎ》兄弟だ。数年前に※相模《さがみ》の北条《ほうじょう》とともに今川《いまがわ》と三国同盟《どうめい》をむすんだなか。それにより東がわの心配がきえた今川義元《いまがわよしもと》は、信長《のぶなが》の領地《りょうち》である西の尾張《おわり》へ侵攻《しんこう》しようとしている。「今川《いまがわ》殿《どの》が相手では信長《のぶなが》さまに勝ち目はない。」と、尾張《おわり》の武将《ぶしょう》のなかには今川方《いまがわがた》に寝《ね》がえる者まで出るしまつだった。すでに尾張《おわり》の一部であった鳴海《なるみ》、大高《おおたか》、沓掛《くつかけ》の三つの城《しろ》は、今川《いまがわ》にのっとられてひさしい。信長《のぶなが》は敵《てき》の城《しろ》を封鎖《ふうさ》するため五つの砦《とりで》をきずいていたが、このまま尾張《おわり》にかた足をつっこませたままにさせてなるものか。

(公家《くげ》かぶれのお歯黒《はぐろ》め! 城《しろ》はかならず取りかえしてみせるわ!)

にわかに変《か》わった信長《のぶなが》の形相《ぎょうそう》に、天沢《てんたく》は思わず目をそらした。

※駿河《するが》 現在《げんざい》の静岡《しずおか》県東・中央《ちゅうおう》部。
※相模《さがみ》 現在《げんざい》の神奈川《かながわ》県の大部分。

東海の巨龍《きょりゅう》

「いつまでもあのいまいましい砦《とりで》を放置《ほうち》してはおけぬ。ことに丸根《まるね》砦《とりで》と鷲津《わしづ》砦《とりで》を落とさぬことには、鳴海城《なるみじょう》と大高城《おおたかじょう》のあいだがたちきられたままじゃ！」

永禄《えいろく》三（一五六〇）年五月、今川義元《いまがわよしもと》は、信長《のぶなが》がきずいた丸根《まるね》、鷲津《わしづ》の両砦《りょうとりで》をうばいとるため、自ら総大将《そうだいしょう》となり西へむけて出陣《しゅつじん》した。

「おい、今川《いまがわ》さまが馬にものれぬというのはほんとうなのか？」

「ああ。太りすぎらしい。もともと体格《たいかく》がいいうえに、うまいものを食いすぎなのだ。馬にまたがることができず、輿《こし》にのって出陣《しゅつじん》しているらしいぞ。」

足軽《あしがる》たちは、そんなことをささやきあった。

「かつぐ者はたいへんだな。」

「ああ。だが見ろ、この兵力《へいりょく》を。これこそ今川《いまがわ》さまの実力よ。」

「われらだけではないぞ。駿河《するが》、遠江《とおとうみ》※、三河《みかわ》※と、三国からあつまっているからな。四万五千はくだらないという話だ。これでは今川《いまがわ》さまの勝利《しょうり》はきまったようなものよ。」

「四万五千か！　肥《こ》えても東海の龍《りゅう》。海道《かいどう》一の弓取りとよばれるだけはある！」

今川義元《いまがわよしもと》は、戦国《せんごく》切っての名門、今川家《いまがわけ》の九代目当主だ。じつの母が公家《くげ》の娘《むすめ》であったため、貴族《きぞく》文化に精通《せいつう》し教養《きょうよう》も深かった。ただ、まゆをえがき、歯を黒くそめた公家《くげ》ふうのよそおいを、「お歯黒《はぐろ》」とよんでかげでわらう者もいたのだ。しかし当の本人はそのようなこと、気にもとめない。四十二才のこの年まで、北条《ほうじょう》や武田《たけだ》という強敵《きょうてき》ともわたりあってきた自信《じしん》が、その巨体《きょたい》にみなぎっている。

「われこそが天下にいちばん近い男よ！　尾張《おわり》のうつけなど敵《てき》ではないわ。さっさとはいてすててくれる！」

ついに尾張《おわり》の国境《くにざかい》をこえた今川義元《いまがわよしもと》は、五月十七日、すでに手中にある沓掛城《くつかけじょう》に入ると、さっそく家臣《かしん》をあつめ作戦《さくせん》をねった。

「明日《あす》の夜に、軍勢《ぐんぜい》の一部を大高城《おおたかじょう》にうつしておきましょう。十九日の夜明けとともに、織《お》

※遠江《とおとうみ》　現在《げんざい》の静岡《しずおか》県西部。
※三河《みかわ》　現在《げんざい》の愛知《あいち》県東部。

田方《だがた》の砦《とりで》をおそうのです。」

「丸根《まるね》、鷲津《わしづ》の両砦《りょうとりで》は、黒末川《くろすえ》の入《い》り江《え》の対岸にございます。夜が明けて潮《しお》がみちれば、織《お》田《だ》の援軍《えんぐん》はまにあいませぬ。」

「そこをねらってせめれば、やつは手が出せぬということか。これはうまい。わはははは。」

清洲城《きよすじょう》の信長《のぶなが》のもとに早馬がとびこんだのは、十八日の夕刻《ゆうこく》のことだった。

「申しあげます！　今川《いまがわ》の大軍《たいぐん》は今夜、大高城《おおたかじょう》へ兵糧《ひょうろう》※をいれるもよう！　明日《あす》の朝には、当方からの援軍《えんぐん》がこない時刻《じこく》にあわせ、砦《とりで》をせめてまいります！」

「義元《よしもと》め、潮《しお》のみちひきを考えにいれるとは、さすがよの。」

信長《のぶなが》はにやりとわらった。丸根《まるね》、鷲津《わしづ》の両砦《りょうとりで》をうばわれたら織田方《おだがた》は絶体絶命《ぜったいぜつめい》なのに、あわてる重臣《じゅうしん》たちとは対照的《たいしょうてき》に、不気味《ぶきみ》なほど落ちついている。まるでこうなることが分かっていたかのようだ。

敵方《てきがた》はもちろん、街道《かいどう》のあちこちに密偵《みってい》をおいていた信長《のぶなが》には、今川《いまがわ》の動きはつつぬけだっ

※兵糧《ひょうろう》　戦争《せんそう》時の軍隊《ぐんたい》の食糧《しょくりょう》のこと。

た。にもかかわらずいっこうに出陣《しゅつじん》しようとしないあるじに、重臣《じゅうしん》たちのあせりは高まるばかりだ。

「殿《との》、どうなさるおつもりか!?　明日《あす》の朝には四万五千の大軍《たいぐん》がせめてくるのですぞ。」

「こちらの兵《へい》は、あつめても二千にとどくかどうか。何か策《さく》をこうじなければ！」

その夜おそく、清洲城《きよすじょう》の大広間では、信長《のぶなが》をかこんで軍議《ぐんぎ》がひらかれた。明かりにてらされた重臣《じゅうしん》たちの顔に、不安《ふあん》がにじみ、ゆれている。

「すぐにでも丸根《まるね》、鷲津《わしづ》へ援軍《えんぐん》をおくるべきだ！」

「いまさらおそいわ。こうしているあいだにも、やつらは大高城《おおたかじょう》にあゆみをすすめているのだぞ。」

「千人おくったところで、相手は四万五千。龍《りゅう》に立ちむかうトカゲのようなものであろう。」

「では籠城《※ろうじょう》するしかあるまい。」

「籠城《ろうじょう》だと？　それではすわったまま死をまつようなもの。」

「ではどうしろというのだ？　城《しろ》の外へ出て敵《てき》を歓迎《かんげい》しろとでもいうのか？」

※籠城《ろうじょう》　城《しろ》の中にたてこもって敵《てき》をふせぐこと。

いいあらそうばかりで、重臣《じゅうしん》たちの意見はいっこうにまとまらなかった。信長《のぶなが》はといえば、だまりこんで腕《うで》をくみ、空をにらんでいる。とうとう業《ごう》をにやしたひとりがつめよった。

「殿《との》っ、ご決断《けつだん》を！」

全員の目が信長《のぶなが》にそそがれた。信長《のぶなが》はそれでもしばらくだまっていたが、やがてほどいた右手で額《ひたい》をかくと、大あくびをした。

「もう夜もふけた。みなも帰って休むがよい。」

というなり、さっさと広間から出ていってしまったのだ。

「ききまちがいか？　いま、殿《との》は何と申された？」

「……帰って休めと。」

しばらくぽかんとしていた彼《かれ》らのなかから、やがて笑《わら》いがもれた。

「この大事に帰って寝《ね》ろとは、やはり信長《のぶなが》さまはうつけであったか。」

「運がかたむく時には日ごろの知恵《ちえ》の鏡《かがみ》もくもるというが、こういうことをいうのであろうな。」

そうあざわらうと、一同は急におしだまった。

「織田家《おだけ》もこれでおしまいということよ。尾張《おわり》は今川《いまがわ》の手にわたるのであろう。われわれも、あのようなお人についたのが運のつきだ。」

そう肩《かた》を落《お》として、それぞれの屋敷《やしき》へ帰っていったのだ。

「籠城《ろうじょう》だと？　ばかをいえ。城《しろ》にこもって敵《てき》に勝った軍《ぐん》など、これまできいたこともないわ！」

寝所《しんじょ》のふすまをぴしゃりとしめると、信長《のぶなが》ははきすてるようにいった。

「いかに敵《てき》が多かろうと、戦《たたか》うにきまっておろう。」

信長《のぶなが》は、義元《よしもと》を討《う》ちとる策《さく》をとうに考えていた。それを口にしなかったのは、味方のなかに敵《てき》に通じている者がいないともかぎらないからだ。

（人を安易《あんい》に信《しん》じるのは命取りだ。情報《じょうほう》はつかむもの。もらすものではないのじゃ。）

人間《じんかん》五十年

東の空が白みはじめたころ、ふすまの外で何者かがひざまずく音に、信長《のぶなが》は天井《てんじょう》から目をうつした。

「申しあげます。」

「うむ。」

「ただいま使者がつき、丸根《まるね》、鷲津《わしづ》の両砦《りょうとりで》において、今川軍《いまがわぐん》の攻撃《こうげき》がはじまったとのことにございます。」

信長《のぶなが》はふとんをめくると、上半身を起こし立ちあがった。

「いそいでしたくをいたせ！」

城内《じょうない》はにわかにあわただしくなった。

「いよいよ出陣《しゅつじん》にございますか。」

そう声をかけたのは、信長《のぶなが》の正妻《せいさい》、濃姫《のうひめ》だ。油売りから身を立て、「※美濃《みの》のまむし」とおそれられるまでになった斎藤道三《さいとうどうさん》の娘《むすめ》。十四の年に、ひとつ上の信長《のぶなが》にとついできた。

「もしも信長《のぶなが》がうわさどおりのうつけであったら、この刀でやつの寝首《ねくび》をかくがいい。」

父道三《どうさん》は、そういって彼女《かのじょ》に懐刀《ふところがたな》をたくした。

（あの時わたくしは父にこたえた。『もしかしたら父上をさす刀になるかもしれませぬ』と。

この人は、尾張《おわり》のようなちっぽけな土地で満足《まんぞく》する人ではない。）

「お濃《のう》、鼓《つづみ》をうて。」

「はい。」

信長《のぶなが》は、高まった気持ちをしずめるかのようにしばらく目をとじると、やがて扇《おうぎ》をひらき、舞《ま》いはじめた。

人間《じんかん》五十年　下天《げてん》の内をくらぶれば　夢幻《ゆめまぼろし》のごとくなり

ひとたび生をえて　滅《めっ》せぬもののあるべきか

※美濃《みの》　現在《げんざい》の岐阜《ぎふ》県南部。

『敦盛《あつもり》』だ。※源平合戦《げんぺいがっせん》のおり、一《いち》の谷《たに》で、源氏《げんじ》の武将熊谷直実《ぶしょうくまがいなおざね》は、船へにげようとする平《たいらの》清盛《きよもり》の甥《おい》、敦盛《あつもり》をとらえた。見れば、まだあどけなさののこる少年ではないか。討死《うちじに》したばかりの息子の面影《おもかげ》がかさなり、直実《なおざね》は彼《かれ》を討《う》つことをためらう。しかし合戦《かっせん》はそんな情《なさけ》をゆるすはずもない。直実《なおざね》は生涯《しょうがい》、敦盛《あつもり》を討《う》ったことにくるしみ、ついには出家する。

信長《のぶなが》は、直実《なおざね》が世をはかなんで出家を決意するこの一節《いっせつ》を、こよなく愛《あい》していたのだ。

人の世での五十年というものは　天上にくらべたら　夢《ゆめ》や幻《まぼろし》のようなもの
命あるものはすべて　ほろびてしまうのだ

（わたくしは武士《ぶし》の妻《つま》。夫《おっと》が戦《いくさ》で死ぬことなど、とうに覚悟《かくご》はできている。でも信長《のぶなが》さまは五十どころか、まだ二十七才ではないか！）

毅然《きぜん》と鼓《つづみ》をうちながらも、濃姫《のうひめ》の心はみだれていた。

※源平合戦《げんぺいがっせん》　1180年の以仁王《もちひとおう》の挙兵《きょへい》から1185年に壇《だん》の浦《うら》で平氏《へいし》がほろぶまでの、源氏《げんじ》と平氏《へいし》の一連《いちれん》の戦《たたか》い。

（信長《のぶなが》さまはかならず勝つ。父上もおっしゃっていた。『無念《むねん》であるが、わしの子どもたちはみな、あのたわけにしたがうことになるだろう』と。）

道三《どうさん》がはじめて信長《のぶなが》を見たとき、何よりその行列にしたがう軍《ぐん》のみごとさに声をうしなったという。槍隊《やりたい》、弓隊《ゆみたい》、鉄砲隊《てっぽうたい》は七、八百人。なかでも三間半《げん》（約《やく》六・三メートル）もの長槍《ながやり》は、おいそれとあつかえるものではない。そうとうな鍛錬《たんれん》をつんでいる兵《へい》だと、ひと目で見ぬいたのだった。

（だから案《あん》ずることはないのだ。信長《のぶなが》さまは、きっとこの清洲《きよす》に、わたくしのもとにもどられる！）

濃姫《のうひめ》は、こみあげる不安《ふあん》をうちはらうように、鼓《つづみ》をうった。

「何をもたもたしておる！　貝をふけ！　※具足《ぐそく》はまだか！」

信長《のぶなが》は扇《おうぎ》を勢《いきお》いよくとじると、妻《つま》など見むきもせず、いつも以上《いじょう》の早足で床《ゆか》をふみならし、大広間に入った。

※具足《ぐそく》　甲冑《かっちゅう》（よろいやかぶと）のこと。

「はっ、ただいま！」

まもなく城内《じょうない》に出陣《しゅつじん》を知らせるほら貝の音がひびきわたった。はこびこまれたよろいを信《のぶ》長《なが》はすばやく身につけ、立ったまま湯づけをかきこみ、さしだされた太刀《たち》をひっつかむ。

「かぶとをもて！」

歩きながら装着《そうちゃく》した大かぶとには、織田家《おだけ》の家紋《かもん》「織田瓜《おだうり》」があしらわれている。信長《のぶなが》は愛馬《あいば》にひらりとまたがると、先頭を切って清洲城《きよすじょう》をとびだしていった。

「殿《との》は……？　どこにいらっしゃるのだ!?」

貝の音で目ざめた家臣《かしん》たちが、あわてて城《しろ》へなだれこんだ。なかには具足《ぐそく》をつける時間すらなく、馬にのせている者までいる。

「すでにご出陣《しゅつじん》されました。」

「しまった！　どちらへむかわれた？　何名で出られたのじゃ？」

「行き先は熱田《あつた》、したがわれたのは小姓衆《こしょうしゅう》らわずか五騎《き》にございまする。」

「ご、五騎《き》だと!?　いそげ！　殿《との》につづけ！」

ほろ酔《よ》いの謡《うたい》

熱田神宮《あつたじんぐう》は清洲城《きよすじょう》から南へ三里《り》の場所にある。三種《しゅ》の神器《じんぎ》のひとつ、草薙神剣《くさなぎのみつるぎ》がご神体《しんたい》としてまつられ、古くから戦勝祈願《せんしょうきがん》の神として知られる神社だ。そこまでの道を、信長《のぶなが》はかけにかけた。

「殿《との》はなぜ兵《へい》をあつめてから城《しろ》をお出にならなかったのであろう?」

「分からぬが、もしかしたらわれわれを分散《ぶんさん》させることで今川方《いまがわがた》にこちらの動きを知られないようにしたのかもしれぬ。」

「なるほど。」

「それに、兵《へい》がそろうまでまっていたら、時間がかかってしまうからの。」

「いかにも殿《との》らしいやりかただな。」

午前八時前、熱田《あつた》についた信長《のぶなが》は願文《がんもん》を神前におさめ、勝《か》ち戦《いくさ》をいのった。そのころには、おくれて清洲城《きよすじょう》をたった家臣《かしん》もやっと追いつき、一同は丹下砦《たんげとりで》へと軍《ぐん》をすすめた。義元《よしもと》の手にわたった鳴海城《なるみじょう》を包囲《ほうい》するためきずいた砦《とりで》のひとつだ。今川方《いまがわがた》の予想どおり、近道である海ぞいの道は潮《しお》がみちて馬がすすめない。そこで上手《かみて》の道をとばして丹下砦《たんげとりで》へすすむことになった。

とちゅう、上知我麻《かみちがま》神社にさしかかった時だ。かなたの空にふたすじの煙《けむり》がまっすぐ上がるのが見えた。

「鷲津《わしづ》と丸根《まるね》は落ちたか。」

信長《のぶなが》はつぶやいた。今川義元《いまがわよしもと》は、作戦《さくせん》どおりふたつの砦《とりで》をせめおとしたのだ。これで大高《おおたか》城《じょう》の封鎖《ふうさ》はとけた。家臣《かしん》たちの顔に落胆《らくたん》の色がにじむ。どう考えても今川方《いまがわがた》の優勢《ゆうせい》だ。

（これといった策《さく》もないまま軍《ぐん》をすすめ、いったい信長《のぶなが》さまはどうなさるおつもりか……。）

見あげたあるじの顔に、家臣《かしん》たちは息をのんだ。わらっていたのだ。まるで獲物《えもの》を見つけた鷹《たか》のような目で、信長《のぶなが》は砦《とりで》を焼《や》く煙《けむり》をわらって見ていたのである。

そのころ、今川義元《いまがわよしもと》はたいへんな上きげんだった。

「そうかそうか、丸根砦《まるねとりで》と鷲津砦《わしづとりで》は陥落《かんらく》したか。たやすかったの。」

朱塗《しゅぬ》りの輿《こし》の上で知らせをうけた義元《よしもと》は笑《わら》いがとまらない。しかし、そこは育ちの良《よ》さ。口のあけかたもひかえめだ。

「尾張《おわり》のいなかネズミなど、この義元《よしもと》にとってはものの数ではないわ。」

「おっしゃるとおりでございます。」

「満足《まんぞく》じゃ。先陣《せんじん》をつとめてさぞかしつかれたことであろう。松平元康《まつだいらもとやす》には大高城《おおたかじょう》にて休むがよいとつたえろ。」

そういうとおもい体を輿《こし》からおろしたので、かつぎ手は生きかえったという顔で、汗《あせ》をぬぐった。松平元康《まつだいらもとやす》とは、のちの徳川家康《とくがわいえやす》である。幼少《ようしょう》のころより十一年、今川家《いまがわけ》の人質《ひとじち》としてすごし、この年、十九才になっていた。

「ここはなんという場所じゃ？」

「はっ、桶狭間《おけはざま》山にございまする。」

「見晴らしがよいのぉ。」

「ここならば、敵《てき》がやってきても上から丸見えにございまする。」

「休むにはよい場所じゃな。ここで昼餉《ひるげ》にいたそう。」

「ははっ。」

今川勢《いまがわぜい》は、ゆっくりと食事を楽しんだ。早くも戦勝祝《せんしょういわ》いの酒まで出て、義元《よしもと》はほろ酔《よ》いで得意《とくい》の謡《うたい》を三番も歌った。そのさなか、あらたな知らせがとびこんできた。

「織田信長《おだのぶなが》、丹下砦《たんげとりで》より善照寺砦《ぜんしょうじとりで》へ入ったのち、佐々勝通《さっさかつみち》、千秋秀忠《せんしゅうひでただ》が兵《へい》三百をひきいてわが軍《ぐん》に突入《とつにゅう》。佐々《さっさ》、千秋《せんしゅう》の二将《しょう》をはじめ五十騎《き》ほどが討死《うちじに》とのことにございます！」

「何と、またも勝ったか。信長《のぶなが》もうわさ以上《いじょう》のうつけよのぉ。たかだか三百人でこの義元《よしもと》に勝てると本気で思うておるのか？　わしの矛先《ほこさき》には、天魔《てんま》も鬼神《きしん》もかなわぬわ！」

めずらしくお歯黒《はぐろ》をむきだしにしてわらった義元《よしもと》を、重臣《じゅうしん》たちは口々にほめた。

「これで尾張《おわり》も殿《との》のもの。天下に号令《ごうれい》するおかたは殿《との》をおいてほかにはおりませぬな。」

「あはははは。よい心もちじゃ。」

義元《よしもと》はさかずきをからにすると、ふたたび謡《うたい》を歌い、巨体《きょたい》をゆすった。そのころ、一騎《いっき》の早馬が信長《のぶなが》のもとに到着《とうちゃく》したとも知らずに……。

雷鳴《らいめい》

「今川義元《いまがわよしもと》の本隊《ほんたい》、ただいま桶狭間《おけはざま》山にて休息中にございます！」

それは信長《のぶなが》にとって、まちにまった知らせだった。

（お歯黒《はぐろ》め、油断《ゆだん》は禁物《きんもつ》じゃぞ。）

と、思わず口もとがゆるむ。この時、織田軍《おだぐん》の兵《へい》はまだ二千にもみたなかった。

「中島《なかじま》へむかうぞ！」

「中島《なかじま》ですと!?　おまちくだされ！　ここから中島砦《なかじまとりで》への道は両がわが深田《ふかだ》。どろに足を取られたら、馬も人も動きが取れませぬ！」

信長《のぶなが》は無視《むし》して馬にまたがったが、重臣《じゅうしん》たちはそのくつわに取りついてはなれない。

「しかもその道は桶狭間山《おけはざま》から丸見え！　こちらが少数だと敵《てき》に明かすようなもの！」

「鷲津《わしづ》や丸根《まるね》にいる敵《てき》がおそってくるかもしれませぬぞ！」

「そうなればひとたまりもない！　みすみす命をすてにいくようなものでございます！　どうかお考えなおしを！」

「だまれっ！」

信長《のぶなが》は必死《ひっし》にとめる家臣《かしん》たちをふりはらい、馬《うま》の腹《はら》をけった。

「殿《との》っ！　よくぞごぶじで！」

中島砦《なかじまとりで》をまもっていた梶川高秀《かじかわたかひで》は、今川方《いまがわがた》に見つかることなく砦《とりで》についた信長《のぶなが》にかけよった。

「うむ。敵《てき》に動きは？」

「ありません。今川《いまがわ》の本隊《ほんたい》はまだ桶狭間山《おけはざま》にございます。」

その山は、中島砦《なかじまとりで》から目と鼻の先だ。

「しかし、これ以上敵《いじょうてき》に気づかれることなく山をめざすのはむりにございまする。わたくしも考えましたが、よい策《さく》がまったくうかびませせぬ。」

中島砦《なかじまとりで》は、手越川《てごえ》と扇川《おうぎ》というふたつの川の中州《なかす》にある。山頂《さんちょう》までは一本道。そこをすすめば、見おろす今川勢《いまがわぜい》からは丸見えなのだ。

「そのような道を行くなど無謀《むぼう》！　どうぞおやめくだされ！」

重臣《じゅうしん》たちの顔はまっ青だ。すると信長《のぶなが》はしずかに口をひらいた。

「みなの者、よくきけ。今川《いまがわ》の兵《へい》は昨晩《さくばん》から夜どおしはたらき、大高城《おおたかじょう》へ兵糧《ひょうろう》をいれたのだ。そして今朝《けさ》は早くから鷲津《わしづ》、丸根砦《まるねとりで》を落とし、さきほどは佐々勝通《さっさかつみち》らひきいる兵《へい》を相手に、うごけぬほどつかれはてているわ。そんな相手に、まだ戦《いくさ》をしていない元気なわれらが負けると思うか？」

そのことばに、一同ははっとした。もしや、先走りに思えた佐々《さっさ》、千秋《せんしゅう》の行動も、信長《のぶなが》さまの作戦《さくせん》だったのだろうか……。

「たしかに今川軍《いまがわぐん》は多勢《たぜい》だ。しかし、おそれるべき相手ではない。戦《いくさ》の勝ち負けはだれにも分からぬ。天のみが知っていること！　よいか、何としても敵《てき》をたおせ。たやすいことだ。何のためにこれまで鍛錬《たんれん》をつんできた！　われらこそ真の侍《さむらい》ぞ！」

信長《のぶなが》にそそがれる家臣団《かしんだん》の目がかがやきはじめた。

「よいな者ども！　これから敵《てき》の正面をつく！　敵《てき》がむかってきたら引き、しりぞいたらせめろ。そうしてやつらをますます弱らせろ！　敵《てき》はすべて切りすて、首はすておけ！　ぶんどりはゆるさぬぞ！　われらのねらいはただひとつ、今川義元《いまがわよしもと》の首だけだ！」

合戦《かっせん》では、討《う》ちとった敵《てき》の首を取ることが武士《ぶし》の勲章《くんしょう》だ。たおした敵《てき》から武器《ぶき》をぶんどることもとうぜんであった時代に、信長《のぶなが》はそれらを禁《きん》じ、目的《もくてき》は今川義元《いまがわよしもと》の首のみと宣言《せんげん》したのだ。

「この合戦《かっせん》に勝利《しょうり》すれば、その場にいたものすべての名誉《めいよ》である！　そしてその名誉《めいよ》は末代《まつだい》までかたりつがれるであろう！　者ども、はげめっ！」

「おお――――！」

その時だ。まるで日が落ちたように、とつぜんあたりがまっ暗になった。見あげると、砦《とりで》の上空一面を、あつい雨雲がおおいかくそうとしていた。その雲は、桶狭間山《おけはざまやま》までつつむ勢《いきお》いだ。にわかにふきはじめた強風に、織田《おだ》の軍旗《ぐんき》がばったばったとあおられ、空をいなずまが切りさいた。

「見よ！　天がわれらに味方されるぞ。おそれずすすめ！」

「おお――！」

その声は、とどろいた雷鳴《らいめい》にかきけされた。

決戦桶狭間《けっせんおけはざま》

ふりだした雨はまるで石か氷のような大粒《おおつぶ》で、兵士《へいし》たちの頬《ほほ》をうった。あまりのはげしい風に、沓掛峠《くつかけとうげ》では、三かかえもある楠《くすのき》の巨木《きょぼく》がなぎたおされた。そのなかを、信長軍《のぶながぐん》はじりじりと今川本隊《いまがわほんたい》にせまっていく。もう敵《てき》は目の前だ。

「この風雨では、敵《てき》からこちらはまったく見えぬではないか！」

「これは熱田大明神《あつただいみょうじん》の御心《み》か！」

やはり信長《のぶなが》さまには何かがついている……。だれもがそう思った。と、その時、ふいに雨がやんだのだ。見るまに切れてゆく雲のあいだから、初夏《しょか》の陽光《ようこう》が一気にふりそそいだ。

「いまだっ！　かかれー！」

信長《のぶなが》はやりをつかむと、自ら先頭を切って敵中《てきちゅう》にせめこんだ。

「うお――!!」

わずか二千の兵《へい》がここまでたどりつけるなど、だれが予想しただろう。ふいをつかれた今《いま》川軍《がわぐん》は、みだれにみだれた。むりもない。昼餉《ひるげ》の休息を終え、やっと身じたくをはじめたところだった。そこへとつぜんの豪雨《ごうう》だ。ぬいだ具足《ぐそく》をつけられぬ者もいたほどで、ようやく晴れたと思ったら、この急襲《きゅうしゅう》である。

「殿《との》！　織田軍《おだぐん》にございまする！」
※軍目付《いくさめつけ》がころがるように義元《よしもと》のもとにひざまずいた。
「そのようなこと、いわれずとも分かっておる！　鳴海《なるみ》、鷲津《わしづ》、丸根《まるね》の軍《ぐん》はいったい何をし

※軍目付《いくさめつけ》　合戦《かっせん》の状況《じょうきょう》をよく見て、諸隊《しょたい》の動きなどを大将《たいしょう》に報告《ほうこく》する役目の者。

ておるのだ！　なぜ知らせが入らなかった⁉」

「分かりませぬ。さきほどの豪雨《ごうう》で、ふもと一帯《いったい》は泥《どろ》の海にございまする。身動きが取れないものと……。」

「ううむ……。」

あれよあれよというまに、今川《いまがわ》の兵《へい》は数をへらしていった。織田《おだ》の長やりは敵《てき》をよせつけず、追う騎馬隊《きばたい》には鉄砲《てっぽう》が火をふく。強者《つわもの》どもは信長《のぶなが》の忠告《ちゅうこく》をまもり、ころした敵《てき》には見むきもせず、義元《よしもと》への距離《きょり》をじわじわとつめていく。

「このままでは織田軍《おだぐん》がここに到着《とうちゃく》するのは時間の問題。殿《との》っ、こちらへ！」

あわてて輿《こし》にもどろうとした瞬間《しゅんかん》、一本の矢が義元《よしもと》の鼻先をかすめた。

「ひーっ……！」

巨大《きょだい》な尻《しり》が地面をうち、豪奢《ごうしゃ》な具足《ぐそく》は泥《どろ》をかぶった。家臣《かしん》数名にもちあげられ、やっとのことで輿《こし》ににげこむと、義元《よしもと》は戦場《せんじょう》を見わたした。右往左往《うおうさおう》する味方の旗《はた》と、それをつきさし、切ってせまってくる織田《おだ》の武者《むしゃ》が見える。

「いそげ！　早く出せ！」

「いたぞーっ！　今川義元《いまがわよしもと》だ！」

にげまどう義元《よしもと》の朱塗《しゅぬ》りの輿《こし》はどうしようもなくめだった。ここに総大将《そうだいしょう》がおりますと、敵《てき》に知らせているようなものだ。たえきれなくなった義元《よしもと》は、ついに輿《こし》をうちすてた。

「者ども、わしをまもるのじゃ！」

わずか五十人ほどの兵《へい》が、義元《よしもと》を中心にかたまっている。馬をおりた信長《のぶなが》は、自らも標的《ひょうてき》にむかっていった。しかし、織田《おだ》の若武者《わかむしゃ》は、だれひとり信長《のぶなが》に道をゆずろうとしない。まるでともにしのぎをけずったなかまのひとりであるかのように、先をあらそって義元《よしもと》の首を取ろうとする。どの眼光《がんこう》も、信長《のぶなが》のそれにおとりはしなかった。

何人目かの敵《てき》を丸腰《まるごし》にした時、信長《のぶなが》は、味方のひとりが義元《よしもと》にやりをつきだすのを見た。

「……やったか！」

しかし、そのやりは急所をはずしていた。

「おのれっ、何をする！」

義元《よしもと》は自分の肉をつらぬいたやりの柄《え》を切りすてた。と同時に、その太刀《たち》をひとふりし、自分をついた男のひざ口をなぎはらった。

「ううっ！」

服部小平太《はっとりこへいた》は、血をふいたひざをかかえその場にたおれた。

「この若造《わかぞう》！　義元《よしもと》にやりをむけるなど百年早いわっ！」

とどめをさそうと自分におおいかぶさる義元《よしもと》に、小平太《こへいた》は死を覚悟《かくご》した。その瞬間《しゅんかん》、義元《よしもと》の巨体《きょたい》に背後《はいご》からくみついた者がいた。

「織田《おだ》の※馬廻衆《うままわりしゅう》、毛利新助《もうりしんすけ》！　御首《おんくび》、ちょうだいいたすっ!!」

自分をふりおとそうともがく義元《よしもと》に新助《しんすけ》は必死《ひっし》に食らいつき、その背中《せなか》に刀の先をあてると、ありったけの力をこめてついた。

「うっ……ぐっ……！」

くずおれた義元《よしもと》の巨体《きょたい》に、新助《しんすけ》は下じきになった。あわててはいでると、その体によじのぼり、かた足で義元《よしもと》のきき腕《うで》をふみつけ、顔を左手でおさえつける。そうして首を斬《き》ろうと

※馬廻衆《うままわりしゅう》　大将《たいしょう》がのった馬のまわりにつきそってまもる、騎馬《きば》の武士《ぶし》。戦《いくさ》の時は決戦兵力《けっせんへいりょく》となった。

脇差《わきざし》をかまえた時、

「ぎゃー！」

口に入った新助《しんすけ》の指を、黒くそまった義元《よしもと》の前歯が食いちぎったのだ。それでも新助《しんすけ》は先のなくなった指を口にねじこみ、その太い首に脇差《わきざし》をつきたて、のど笛をかき切った。

「今川義元公《いまがわよしもと》、討《う》ちとったり――！」

ひびきわたった新助《しんすけ》の大声に、あたりはしずまりかえった。

たったいま、いどんだ相手に刀をはらわれ地面にころがった今川方《いまがわがた》の武者《むしゃ》は、声のしたほうをふりかえる。逆光《ぎゃっこう》で影《かげ》しか見えぬが、そこには血のしたたる首がかかげられていた。あれがわがあるじ、戦国屈指《せんごくくっし》の大大名《だいみょう》とよばれた男の首なのか？

「し……信《しん》じられぬ……。」と、思わずつぶやいた瞬間《しゅんかん》、背後《はいご》で「ふっ」と音がするのをきいた。ふりむくと、さきほど自分の刀をはらった男がわらっていたのだ。その時はじめて気がついた。不気味《ぶきみ》にわらう男の大かぶとに、織田瓜《おだうり》の家紋《かもん》がきらめいていることに。

「お、織田《おだ》……信長《のぶなが》……！」

その声に、信長《のぶなが》は男をじろりと見たが、やがてたおれた義元《よしもと》のもとへと近づいていった。まるで獲物《えもの》をとらえた鷹《たか》が翼《つばさ》をとじるようにしずかなあゆみだった。

桶狭間《おけはざま》の合戦《かっせん》からしばらくのち、信長《のぶなが》は義元《よしもと》の首を、とらえた今川方《いまがわがた》の者にもたせて駿河《するが》へかえした。そして、清洲城《きよすじょう》から二十町ほど南の街道《かいどう》に「義元塚《よしもとづか》」をきずかせ、その菩提《ぼだい》をとむらったという。めしあげた義元《よしもと》の愛刀《あいとう》・義元左文字《よしもとさもんじ》を、信長《のぶなが》は死ぬまで大事に腰《こし》にさした。

かつて武田信玄《たけだしんげん》の父・信虎《のぶとら》が、娘《むすめ》を義元《よしもと》にとつがせるさいにおくったものだ。

信長《のぶなが》の死後、この刀は豊臣秀吉《とよとみひでよし》、徳川家康《とくがわいえやす》へとうけつがれ、江戸《えど》時代に大火で焼《や》かれるも※再刃《さいば》された。戦国《せんごく》の世を見つめてきた名刀《めいとう》はいま、京都府《きょうとふ》の建勲《けんくん》神社の所蔵品《しょぞうひん》としてしずかな眠《ねむ》りについている。

※**再刃**《さいば》　刀などを焼《や》きいれなおすこと。

もっと知りたい！

桶狭間《おけはざま》の戦《たたか》い

桶狭間《おけはざま》の戦《たたか》いにかかわる資料館《しりょうかん》やゆかりの場所などを紹介《しょうかい》します。歴史《れきし》の知識《ちしき》も深まるよ！

桶狭間古戦場公園《おけはざまこせんじょうこうえん》

桶狭間《おけはざま》の戦《たたか》いの中心地で、今川義元《いまがわよしもと》最期《さいご》の地。桶狭間《おけはざま》の戦《たたか》いから四五〇年を機《き》に整備《せいび》され、信長《のぶなが》・義元両雄《よしもとりょうゆう》の銅像《どうぞう》が建立《こんりゅう》された。

〒458-0911
名古屋《なごや》市緑《みどり》区
有松《ありまつ》町桶狭間《おけはざま》
北三丁目

清洲城天守閣《きよすじょうてんしゅかく》

清洲城《きよすじょう》は尾張《おわり》国の中心部にあり、織田信長《おだのぶなが》が本拠《ほんきょ》とした城《しろ》。信長《のぶなが》はこの城《しろ》から、桶狭間《おけはざま》へ出陣《しゅつじん》した。現在《げんざい》の城《しろ》は清洲城跡《きよすじょうあと》の近くに建設《けんせつ》された模擬天守《もぎてんしゅ》で、当時を想像《そうぞう》して建《た》てられた。内部は郷土資料館《きょうどしりょうかん》になっている。

〒452-0932
愛知《あいち》県清須《きよす》市朝日城屋敷《あさひしろやしき》1-1
☎052-409-7330

熱田神宮《あつたじんぐう》

信長《のぶなが》が桶狭間《おけはざま》の戦《たたか》いへ出陣《しゅつじん》するさいに戦勝祈願《せんしょうきがん》をした神宮《じんぐう》。三種《さんしゅ》の神器《じんぎ》のひとつ、草薙神剣《くさなぎのみつるぎ》がまつられている。

〒456-8585
愛知《あいち》県名古屋《なごや》市熱田《あつた》区神宮《じんぐう》1-1-1
☎052-671-4151

今川義元公墓所《いまがわよしもとこうぼしょ》

桶狭間《おけはざま》の戦《たたか》いで敗死《はいし》した、今川義元《いまがわよしもと》の墓《はか》。大聖寺《だいしょうじ》の境内《けいだい》にある。家臣《かしん》たちが首のない遺体《いたい》をせおって駿河《するが》へ帰るとちゅう、この地にほうむったといわれ、胴塚《どうづか》ともよばれる。

〒442-0826
愛知《あいち》県豊川《とよかわ》市牛久保《うしくぼ》町岸組《きしぐみ》66
☎0533-85-1172

中島砦跡《なかじまとりであと》

中島砦《なかじまとりで》は鳴海城《なるみじょう》を包囲《ほうい》するために織田信長《おだのぶなが》がきずいた砦《とりで》のうちのひとつ。跡地《あとち》は現在《げんざい》、私有地《しゆうち》になっているが、所有者《しょゆうしゃ》のかたの好意《こうい》で庭先まで見学することができる。

〒458-0801
愛知《あいち》県名古屋《なごや》市緑《みどり》区鳴海《なるみ》町下中

おすすめの本

・『ミネルヴァ日本歴史人物伝《れきしじんぶつでん》 織田信長《おだのぶなが》』ミネルヴァ書房《しょぼう》 2010年刊行《かんこう》
・火の鳥伝記《でんき》文庫『桶狭間《おけはざま》の戦《たたか》い 今川義元《いまがわよしもと》』講談社《こうだんしゃ》1991年刊行《かんこう》

ウェブサイト

・桶狭間《おけはざま》の戦い ～桶狭間古戦場保存会《おけはざまこせんじょうほぞんかい》～
二〇一〇年、「桶狭間《おけはざま》の戦《たたか》い」から四五〇年をむかえて発足した、桶狭間古戦場保存会《おけはざまこせんじょうほぞんかい》が運営《うんえい》するサイト。さまざまな角度から学習することができる。
http://okehazama.net/

第三話

戦国史《せんごくし》最大《さいだい》の事件《じけん》

～光秀《みつひで》が主君・信長《のぶなが》を討《う》つ決意の瞬間《しゅんかん》～

能《のう》寺《じ》へ

光秀《みつひで》を本《ほん》
かりたてたものは??

戦国大名《せんごくだいみょう》たちは、自分の国の領土《りょうど》をひろげ、たがいの国を取ろうとあらそう。その合戦《かっせん》に明けくれる時代を終わらせ、天下《てんか》を統一《とういつ》する者はだれか？

力ある戦国武将《せんごくぶしょう》たちは、われこそはと京へ上り、諸国《しょこく》へ号令《ごうれい》をかけ、したがわせたいという野望《やぼう》をいだいていた。

ついに織田信長《おだのぶなが》が、天下統一《てんかとういつ》の舞台《ぶたい》へおどりでる。第十五代将軍足利義昭《しょうぐんあしかがよしあき》をともなって、京へ上った織田信長《おだのぶなが》。しかし地方には、信長《のぶなが》に反旗《はんき》をひるがえす国が、まだいくつもあった。

信長《のぶなが》の重臣《じゅうしん》たちは、ほとんど全員が越中《えっちゅう》、関東《かんとう》、四国、中国地方へと出はらって合戦中《かっせんちゅう》。信長《のぶなが》に、中国高松城攻《たかまつじょうぜ》めの加勢《かせい》を命じられた明智《あけち》光秀《みつひで》の心中に、ある野望《やぼう》がふくらむ。

人《じん》物《ぶつ》紹《しょう》介《かい》

足利《あしかが》義昭《よしあき》（1537～97年）

足利幕府最後《あしかがばくふさいご》の将軍《しょうぐん》。出家《しゅっけ》していたが、将軍《しょうぐん》であった兄義輝《あによしてる》が暗殺《あんさつ》されたために、寺を出る。織田信《おだのぶ》長《なが》の力をたよりに、第十五代将軍《しょうぐん》の座《ざ》についた。

徳川家康《とくがわいえやす》（1542～1616年）

三河《みかわ》（現在《げんざい》の愛知《あいち》県）の岡崎城主松《おかざきじょうしゅまつ》平家《だいらけ》に生まれる。今川義元《いまがわよしもと》が織田信《おだのぶ》長《なが》にほろぼされたあと、織田信長《おだのぶなが》と同盟《どうめい》をむすび、勢力《せいりょく》を三河《みかわ》、遠江《とおとうみ》（現在《げんざい》の静岡《しずおか》県西部）にひろげる。

明智光秀《あけちみつひで》

(生年不詳《せいねんふしょう》～ 1582年)

いとこが信長《のぶなが》の正室・濃姫《のうひめ》。美濃《みの》の守《しゅ》護大名《ごだいみょう》、斎藤道三《さいとうどうさん》につかえたが、道三《どうさん》の死後、越前《えちぜん》(現在《げんざい》の福井《ふくい》県北・中部)朝倉氏《あさくらし》に身をよせる。足利義昭《あしかがよしあき》と出会い、足利義昭《あしかがよしあき》を織田信長《おだのぶなが》に引きあわせた。それをきっかけに織田信長《おだのぶなが》の家臣《かしん》となり活躍《かつやく》するが、信長《のぶなが》の天下統一《てんかとういつ》を目前にして謀反《むほん》をくわだてる。

木下藤吉郎秀吉《きのしたとうきちろうひでよし》

(1537 ～ 98年)

のちの豊臣秀吉《とよとみひでよし》。尾張《おわり》の農家に生まれた。足軽《あしがる》として織田信長《おだのぶなが》につかえ、しだいに頭角をあらわしていく。信長《のぶなが》にサル、ハゲネズミとよばれた。明智光秀《あけちみつひで》のライバル。

織田信長《おだのぶなが》

(1534 ～ 82年)

天下統一《てんかとういつ》を目標《もくひょう》に、尾張《おわり》国から着々と勢力《せいりょく》をひろげた。家《か》臣《しん》の明智光秀《あけちみつひで》の謀反《むほん》により本《ほん》能寺《のうじ》で自害《じがい》する。

母との約束《やくそく》

「まさか斎藤道三殿《さいとうどうさんどの》が、お子の義龍《よしたつ》さまにせめられて亡《な》くなられるとは……。」

そまつな小屋のひとまにくらす母は、ため息をついた。

「母上、申しわけございません。母上にこのようなまずしい暮《く》らしをさせるならば、いっそ、あの長良川《ながら》の戦《いくさ》ではてておればよかった。」

光秀《みつひで》は、苦労《くろう》でやせてしまった母にすまない気持ちでいっぱいになる。明智光秀《あけちみつひで》と母の苦《く》労《ろう》は、主君である※美濃《みの》の斎藤道三《さいとうどうさん》が、その息子の義龍《よしたつ》にせめほろぼされたことにはじまった。道三《どうさん》の妻《つま》が、光秀《みつひで》の母の姉妹であったから、明智《あけち》一族は斎藤道三《さいとうどうさん》に味方したのだ。光秀《みつひで》は、諸国《しょこく》をさまよい、やっと※越前《えちぜん》の朝倉家《あさくらけ》で仕事をえた。

「光秀《みつひで》、何をいうのです。一族も城《しろ》も領地《りょうち》もうしなったが、おまえにはすべきことがある。」

母は、ぴしゃりといった。

※美濃《みの》　現在《げんざい》の岐阜《ぎふ》県南部。
※越前《えちぜん》　現在《げんざい》の福井《ふくい》県北・中部。

「明智《あけち》の家のこうむった無念《むねん》を、おまえは晴らすのです。光秀《みつひで》、約束《やくそく》しておくれ。かならずや手がらを立て立身出世し、明智家《あけちけ》をふたたびさかえさせるのです。」

母はそれだけをねんじて生きているのだと、光秀《みつひで》は思った。

「おまえほど文武《ぶんぶ》にすぐれ、才もある人物は、美濃《みの》にも越前《えちぜん》にもおりませぬ。」

おまえならできますとも、母は目をほそめ光秀《みつひで》にうなずいてみせた。

「ですが母上。この乱世《らんせ》、何が起こるか分かりません。先年は、京の都で足利将軍義輝《あしかがしょうぐんよしてる》さまがころされました。」

「将軍《しょうぐん》さまをころすなど、おそろしいこと。してだれが？」

「三好《みよし》一族と松永久秀《まつながひさひで》ときいております。じつは、将軍《しょうぐん》さまの弟君の義昭《よしあき》さまも、あやういところをにげだされ、この越前朝倉家《えちぜんあさくらけ》をたよってこられました。」

「おいたわしいことです。」

「義昭《よしあき》さまは、京に帰りたがっておられます。」

「ごもっともなこと。」

「ところが朝倉《あさくら》の殿《との》は京へ上られる気持ちがない。越前《えちぜん》から京までの道には敵《てき》が多いのでむりもないが、足利義昭《あしかがよしあき》さまのおそばにおられる細川藤孝《ほそかわふじたか》さまも、こまっておられます。そこで考えたのですが、母上、おききくださいますか。」

光秀《みつひで》はすわりなおした。

「母上、わたしは義昭《よしあき》さまのことを、このたび美濃《みの》を平定された織田信長《おだのぶなが》さまに、お願《ねが》いしてみてはどうかと思うのです。」

母は、大きくうなずいた。

「それはよい。信長殿《のぶながどの》なら、願《ねが》いをかなえてくださるかもしれません。美濃《みの》の有力な家臣《かしん》たちも、いまでは信長殿《のぶながどの》のもとではたらいているとききます。信長殿《のぶながどの》の妻《つま》はおまえのいとこでもあるし、わたしからもお願《ねが》いしてみましょう。」

「母上、ありがとうございます。」

「おまえの助けになるならば、母は何でもします。よきはたらきをしてはげんでおれば、信用《しんよう》が生まれる。それこそが明智《あけち》の家をさかえさせる道。光秀《みつひで》、よろしくたのみますよ。」

母のことばに、四十才を少しすぎた光秀《みつひで》は、心えましたと深くうなずいた。

信長《のぶなが》との出会い

「足利義昭《あしかがよしあき》さまを京へおつれすること、信長《のぶなが》さまへねがいでてみましょう。」

という光秀《みつひで》に、細川藤孝《ほそかわふじたか》は顔をほころばせた。

「明智殿《あけちどの》、ありがとうございます。義昭《よしあき》さまは、以前《いぜん》より朝倉《あさくら》、上杉《うえすぎ》、武田《たけだ》、織田《おだ》、毛利《もうり》などの諸侯《しょこう》にお願《ねが》いの手紙をかいておられます。しかし、どなたも自分の国の戦《いくさ》で手いっぱい。義昭《よしあき》さまに力をかしてはくださらない。もし織田殿《おだどの》にお目にかかれるならば、希望《きぼう》ももてるというもの。何とぞよろしく。」

細川藤孝《ほそかわふじたか》は頭を下げる。

「細川《ほそかわ》さま、とんでもない。細川《ほそかわ》さまほどご身分のあるかたが、わたしのような者に頭をお下げになってはいけません。都のこと、朝廷《ちょうてい》のことなど細川《ほそかわ》さまから学ばせていただくことばかり。また、茶の湯や連歌《れんが》の会になど末席《まっせき》に加《くわ》えていただければ、うれしゅうございます。」

光秀《みつひで》は、朝倉家《あさくらけ》で出会った細川藤孝《ほそかわふじたか》を、心から信頼《しんらい》し尊敬《そんけい》していた。また、藤孝《ふじたか》も「明智光秀《あけちみつひで》の教養《きょうよう》の深さ、品の良《よ》さは、都の貴族《きぞく》にもひけをとらない。加《くわ》えて武勇《ぶゆう》にすぐれているとなると、えがたい人物だ。」

と内心おどろいていた。

ほどなく光秀《みつひで》は、信長《のぶなが》のもとをたずねた。

「明智光秀《あけちみつひで》か。織田信長《おだのぶなが》である。おもてを上げよ。」

光秀《みつひで》と信長《のぶなが》のはじめての対面である。おそるおそる顔を上げた光秀《みつひで》は、胸《むね》の内で「おや？」と思った。※斎藤龍興《さいとうたつおき》をせめて美濃《みの》の国を手にいれた男にしては、たけだけしさがなく、公家《くげ》を思わせるような顔つきは武将《ぶしょう》とは思えなかった。信長《のぶなが》が光秀《みつひで》にたずねる。

「そなたはわが妻《つま》のいとこときいておる。いまは朝倉《あさくら》で何をしている？」

「いまは鉄砲《てっぽう》の修練《しゅうれん》をいたしております。」

「鉄砲《てっぽう》が得意《とくい》か。よし、光秀《みつひで》、わしにつかえよ。織田《おだ》の鉄砲隊《てっぽうたい》を天下一にせよ。」

※斎藤龍興《さいとうたつおき》　斎藤義龍《さいとうよしたつ》の子。

いきなりの信長《のぶなが》のことばに、光秀《みつひで》はとびあがるほどおどろいた。

「お、お屋形《やかた》さま。おそれながら、この光秀《みつひで》、今日《きょう》うかがいましたのは……その、朝倉家《あさくらけ》におわします足利義昭《あしかがよしあき》さまの件《けん》にて……。」

「光秀《みつひで》、その件《けん》はもうよい。※伊勢《いせ》の国の平定ができしだい、わしが先導《せんどう》いたし足利義昭《あしかがよしあき》さまには上洛《じょうらく》していただきますと、そうつたえよ。」

（何というおかただ。相手の考えをすべてよんで話をする。このように頭の切れるおかたには、いまだかつてお会いしたことがない。型《かた》やぶりなおかたときいていたが、先の先をよんでおられる。）

「承知《しょうち》いたしました。」

「よし。」

これが、明智光秀《あけちみつひで》と織田信長《おだのぶなが》の出会いであった。

信長《のぶなが》の意思を細川藤孝《ほそかわふじたか》につたえた時の、藤孝《ふじたか》のよろこびは、ひととおりではなかった。光秀《みつひで》は足利義昭《あしかがよしあき》と織田信長《おだのぶなが》の取りもち役として、朝倉家《あさくらけ》からはなれ、織田家《おだけ》の家臣《かしん》となった。

※伊勢《いせ》　現在《げんざい》の三重《みえ》県の大半部。

永禄《えいろく》十一（一五六八）年七月。足利義昭《あしかがよしあき》は信長《のぶなが》のまねきで美濃《みの》へうつった。

足利義昭《あしかがよしあき》と織田信長《おだのぶなが》

「光秀《みつひで》、そなたのおかげで京へ帰れることになった。これからもよろしくたのむぞ。」

足利義昭《あしかがよしあき》は、織田信長《おだのぶなが》の武力《ぶりょく》を背景《はいけい》に将軍《しょうぐん》の座《ざ》につけるので大よろこびである。

「しかし、京に上る道にはまだまだ敵《てき》が多いので、何が起こるかわかりませぬ。ご用心が大事。」

「光秀《みつひで》、何をいうのじゃ。織田殿《おだどの》がついておるのじゃ。何もおそれるものはない。」

光秀《みつひで》は、足利義昭《あしかがよしあき》が子どものようによろこんでいるのを見て、

「このおかたが将軍《しょうぐん》さまになられてもだいじょうぶであろうか。」

と、不安《ふあん》をいだいた。

そんな光秀《みつひで》は、ある日、岐阜《ぎふ》の城《しろ》で年下のおもしろい人物にあった。

「いやあ、明智殿《あけちどの》。お役目ご苦労《くろう》にございます。わたしは木下藤吉郎秀吉《きのしたとうきちろうひでよし》と申します。この

顔をお見知りおきください。サルでございます、サル。」

とつぜん声をかけられて、面くらった光秀《みつひで》であったが、その相手の顔がほんとうにサルそっくりなので、思わずわらってしまった。

「サル殿《どの》、いやしつれい。木下殿《きのしたどの》とは、もしや墨俣《すのまた》に一夜城《いちやじょう》をきずかれたおかたですか?」

「そうです。わが殿《との》、信長《のぶなが》さまは、こんなわたしのような下っぱの者の意見も、よいと思われたら取りあげてくださる。仕事がうまくいけば、ほうびもくださる。武田《たけだ》、上杉《うえすぎ》、浅井《あざい》、朝倉《あさくら》の殿《との》さまがたは自分の領土《りょうど》をひろげるために戦《いくさ》をするが、織田信長《おだのぶなが》さまはまったくちがう。」

「どうちがうのですか?」

光秀《みつひで》がきくと、サルのような顔の秀吉《ひでよし》はまじめな顔になり、

「天下にある国すべてをどうおさめるかを考えて、うごかれるおかたです。」

光秀《みつひで》はおどろいた。

「天下とは、※尾張《おわり》や美濃《みの》にとどまらず、※近江《おうみ》、京、※大和《やまと》、西国《さいごく》や関東《かんとう》までもふくめておさめるということか。ありえない。」

※尾張《おわり》 現在《げんざい》の愛知《あいち》県西部。
※近江《おうみ》 現在《げんざい》の滋賀《しが》県。
※大和《やまと》 現在《げんざい》の奈良《なら》県。

ハハハ、サルはわらった。

「信長《のぶなが》さまは、この日本国のみならず、朝鮮《ちょうせん》や唐《から》の国まで、おさめようとしておいでじゃ。ごらんになったであろう。岐阜《ぎふ》の楽市楽座《らくいちらくざ》のにぎわいを。商人はよろこび、銭《ぜに》もどんどんあつまっておる。」

たしかに信長《のぶなが》という武将《ぶしょう》は、光秀《みつひで》のつかえた斎藤道三《さいとうどうさん》や朝倉義景《あさくらよしかげ》とはまったくちがう。戦《いくさ》で負けることがあっても、ひるむことはない。もっと大きな目標《もくひょう》への近道のためには、手段《しゅだん》をえらばなかった。下の身分の者の意見がすぐれていれば、すぐ実行し、かならず目的《もくてき》をとげる。武士《ぶし》は戦《いくさ》に専念《せんねん》できるように給金《きゅうきん》として米をあたえ、農民《のうみん》は戦《たたか》いに出ることなく農業にはげませる。税《ぜい》を取るために検地《けんち》をおこなう。商人には自由な商いでもうけさせて、税《ぜい》を取る。そのしくみが人々の暮《く》らしを安定させ、信長《のぶなが》の経済力《けいざいりょく》を豊《ゆた》かにした。

「信長《のぶなが》さまが、天下をおさめる将軍《しょうぐん》になろうという野心をおもちということか？　まさか、そのようなことはあるまい。これから将軍《しょうぐん》になろうという、足利義昭《あしかがよしあき》さまの上洛《じょうらく》のおともをして、京へおつれくださろうというのだから。」

光秀《みつひで》は、まだ信長《のぶなが》の天下統一《てんかとういつ》という野心を信《しん》じることができなかった。しかし、室町幕府《むろまちばくふ》の将軍《しょうぐん》の力のおとろえを、信長《のぶなが》は見ぬいていた。信長《のぶなが》の頭には、すでに室町幕府《むろまちばくふ》のつぎの、あたらしい時代の構想《こうそう》があったのだ。

わずか二か月後の九月。

織田信長《おだのぶなが》は、次期将軍足利義昭《しょうぐんあしかがよしあき》を上洛《じょうらく》させるために、三万の軍勢《ぐんぜい》をひきいて京へむかって進軍《しんぐん》した。近江《おうみ》でまず、六角氏《ろっかくし》をあっさり降伏《こうふく》させた。前将軍足利義輝《しょうぐんあしかがよしてる》をころした三好氏《みよしし》は京からにげだし、三好氏《みよしし》とくんでいた大和《やまと》の松永久秀《まつながひさひで》は、

「これからは、信長《のぶなが》さまにしたがいます。天下にひとつの唐物《からもの》の茶入れ『つくもかみ』をさしあげますから、どうかおゆるしください。」

と、茶道具を信長《のぶなが》に献上《けんじょう》してゆるされた。京の都の人々は、おびただしい軍勢《ぐんぜい》に、おそれおののいた。しかし、信長《のぶなが》の軍《ぐん》は規律《きりつ》がきびしく、乱暴《らんぼう》したりぬすんだりする者がいなかったので、都での信長《のぶなが》の評判《ひょうばん》は上々であった。

信長《のぶなが》の勢《いきお》いはすさまじく、わずか一か月で、山城《※やましろ》、河内《※かわち》、摂津《※せっつ》、大和《やまと》の国を支配《しはい》する者となった。信長《のぶなが》は、自ら構想《こうそう》したあたらしい時代への天下統一《てんかとういつ》の舞台《ぶたい》に立ったのである。

十月十八日に、めでたく将軍《しょうぐん》に、にんぜられた足利義昭《あしかがよしあき》は、

「これもすべて織田殿《おだどの》のおかげじゃ。おのぞみの位《くらい》におつけする。」

といったが、信長《のぶなが》は

「そのような位《くらい》など、いりません。」

とことわった。この時信長《のぶなが》は三十五才。将軍義昭《しょうぐんよしあき》は三つ下の三十二才である。

さらに信長《のぶなが》は、将軍《しょうぐん》のために二条城《にじょうじょう》を建設《けんせつ》した。

「将軍家《しょうぐんけ》にこれだけつくせば、文句《もんく》はあるまい。将軍《しょうぐん》さまに力はないが、将軍《しょうぐん》の名前は役に立つから、せいぜいつかわせてもらうことにしよう。」

信長《のぶなが》は、天下統一《てんかとういつ》のために、室町幕府《むろまちばくふ》の将軍《しょうぐん》の権威《けんい》を利用《りよう》するだけでじゅうぶんだと考えていた。

光秀《みつひで》は、将軍義昭《しょうぐんよしあき》にもつかえながら、信長《のぶなが》の命令《めいれい》でうごいていた。

※山城《やましろ》　現在《げんざい》の京都府《きょうとふ》の一部。
※河内《かわち》　現在《げんざい》の大阪府《おおさかふ》南東部。
※摂津《せっつ》　現在《げんざい》の大阪府《おおさかふ》と兵庫《ひょうご》県の一部。

「さて光秀《みつひで》。秀吉《ひでよし》たちとともに、おまえを京都《きょうと》奉行《ぶぎょう》ににんずる。よくつとめよ。」

「承知《しょうち》しました。」

信長《のぶなが》に出会ってまだ日があさい光秀《みつひで》だが、信長《のぶなが》は、教養《きょうよう》があり、将軍家《しょうぐんけ》や公家《くげ》との交渉《こうしょう》ごともうまい光秀《みつひで》の能力《のうりょく》を、高く評価《ひょうか》していた。だれもがうらやむ出世に、光秀《みつひで》の母も「信長《のぶなが》さまのおかげ」とよろこんだ。

ライバル秀吉《ひでよし》

「木下殿《きのしたどの》。茶を一服いかがかな。」

光秀《みつひで》は、秀吉《ひでよし》を茶席《ちゃせき》にまねいた。光秀《みつひで》は将軍《しょうぐん》のそばにいるので、堺《さかい》の茶道の宗匠《そうしょう》らともしたしい。

「ありがたい。光秀殿《みつひでどの》、わしはいなか者で作法《さほう》もがさつ。光秀殿《みつひでどの》、どうかわらってくだされ。」

「千利休宗匠《せんのりきゅうそうしょう》や今井宗久宗匠《いまいそうきゅうそうしょう》も、おっしゃっておられる。『茶は作法《さほう》ではない。相手への心のみである』と……。だが、いなか者はわたしのほうです。」

「そこでござる。その思慮《しりょ》深く謙虚《けんきょ》でまじめなところを、信長《のぶなが》さまは気にいって、目をかけておいでじゃ。」

秀吉《ひでよし》は顔をくしゃくしゃにしてわらいながら、うらやましそうにいう。

「そのようなことはありません。信長《のぶなが》さまは、秀吉《ひでよし》どのがいちばんのお気にいり。秀吉殿《ひでよしどの》は、信長《のぶなが》さまが何もいわれなくとも、そのお考えをさとって先にうごかれるおかたです。」

光秀《みつひで》は、秀吉《ひでよし》のほうを見ず、手もとに目を落としながら茶を立てる。

「そこよ。信長《のぶなが》さまのお気にめすようにと先走りするのには、吉《きち》と凶《きょう》がござる。吉《きち》と出ればよいが、凶《きょう》と出ればこれじゃ。」

秀吉《ひでよし》は、手で首を切ってみせる。光秀《みつひで》はきこえぬふりをして、だまって茶を秀吉《ひでよし》に出す。

「明智殿《あけちどの》、覚悟《かくご》されよ。信長《のぶなが》さまは、仕事のできる者にはこれでもか、と山のような仕事をさせ、つらくあたられる。そのつらいところが、この秀吉《ひでよし》はうれしくてたまらぬ。」

「わたしには、とても……。」

その気持ちは分かりませんということばを、光秀《みつひで》はのみこんだ。

「わしは、天下統一《てんかとういつ》をのぞまれる信長《のぶなが》さまに、ほれておるのよ。このたび、明智殿《あけちどの》とわしがおおせつかった米の貸《か》しつけにしてもそうじゃ。都の人々に米をかし、そこであつまる銭《ぜに》を内裏《だいり》の修復《しゅうふく》の費用《ひよう》にあてられるとは、目のさめるような名案《めいあん》でござろう。」

秀吉《ひでよし》は茶碗《ちゃわん》をおしいただいて、ゆっくり飲みほした。

「まことに。」

光秀《みつひで》は、心から秀吉《ひでよし》に賛同《さんどう》し、深くうなずいた。

「けっこうなお茶をちょうだいした。明智殿《あけちどの》、天下統一《てんかとういつ》をめざす信長《のぶなが》さまのために、ともにはげもう。」

「もちろんです。」

光秀《みつひで》は、主君をいちずに思うという点では、八才ほど年が下の秀吉《ひでよし》にはかなわないような気がした。

「天下統一《てんかとういつ》をなすためには、合戦《かっせん》、養子《ようし》、婚姻《こんいん》、寝《ね》がえり、手段《しゅだん》は何でもよい。将軍《しょうぐん》もつかう。」

信長《のぶなが》は、自分の息子をつぎつぎに養子《ようし》に出し、娘《むすめ》を嫁《よめ》にやる。妹のお市《いち》も浅井長政《あざいながまさ》にとつがせた。

また、自分のすきなように、将軍《しょうぐん》になりかわって諸国《しょこく》へ命令《めいれい》をした。

そうなると、将軍《しょうぐん》もだまってはいない。

「何じゃ、信長《のぶなが》は。将軍《しょうぐん》であるわしのゆるしをもらいもせず、すきかってなことをしているじゃないか。ゆるせぬ。」

そこへ、信長《のぶなが》から義昭《よしあき》に、行動をいさめる書状《しょじょう》がとどく。

「信長《のぶなが》め。わしに説教《せっきょう》するなど、ぶんをわきまえないひどいやつ。ぶれいじゃ。光秀《みつひで》、わしがおこっておると、信長《のぶなが》につたえよ。」

とどなる。そのたびに光秀《みつひで》は、

「将軍《しょうぐん》さま。お気にめさないこともありましょうが、信長殿《のぶながどの》あればこその、こんにちの将軍《しょうぐん》さまであること、おわすれになりませんように。」

と懸命《けんめい》に将軍義昭《しょうぐんよしあき》をなだめなければならない。

義昭《よしあき》は、将軍《しょうぐん》になって一年あまりをすぎたころ、信長《のぶなが》をにくいと思うようになっていた。

「将軍《しょうぐん》の命令《めいれい》である。いそぎ上洛《じょうらく》して、のさばる信長《のぶなが》の勢力《せいりょく》をくじいてくれ。」

という密書《みっしょ》が、毛利《もうり》、北条《ほうじょう》、上杉《うえすぎ》、朝倉《あさくら》、浅井《あざい》といった諸大名《しょだいみょう》にしきりにおくられるようになった。信長《のぶなが》に反感をもち将軍《しょうぐん》がわに加《くわ》わる者は、大名《だいみょう》だけではなかった。比叡山延暦寺《ひえいざんえんりゃくじ》の僧《そう》たち、石山本願寺《いしやまほんがんじ》につらなる各地《かくち》の一向宗徒《いっこうしゅうと》、伊賀《いが》の忍者《にんじゃ》と、信長《のぶなが》の敵《てき》はふえてゆく。

天下統一《てんかとういつ》への戦《たたか》い

もちろん、信長《のぶなが》は自分に反旗《はんき》をひるがえす勢力《せいりょく》にたいして、だまってはいなかった。
元亀《げんき》元（一五七〇）年六月の姉川《あねがわ》の合戦《かっせん》から、浅井《あざい》・朝倉氏《あさくらし》と、信長《のぶなが》とのあらそいははげしくなる。光秀《みつひで》は、信長《のぶなが》にしたがい参戦《さんせん》をしてはよく活躍《かつやく》した。元亀《げんき》二年、五月に信長《のぶなが》は伊《い》勢《せ》・長島《ながしま》（現在《げんざい》の三重《みえ》県北部）の一向一揆《いっこういっき》と戦《たたか》った。つづいて、九月十二日に比叡山延暦寺《ひえいざんえんりゃくじ》

をせめた。比叡山《ひえいざん》は、浅井《あざい》・朝倉《あさくら》に味方していたからだ。比叡山《ひえいざん》ににげこめば安心だと、浅《あざ》井《い》・朝倉《あさくら》の兵《へい》もかくまわれていた。

「比叡山《ひえいざん》の坊主《ぼうず》どもは、仏《ほとけ》など信仰《しんこう》していない。欲《よく》と金にまみれた、まことの仏《ほとけ》の敵《てき》じゃ。坊主《ぼうず》、女、ようしゃなくころせ。悪《あ》しき者らのすみか比叡山《ひえいざん》を、焼《や》きつくすのだ。」

光秀《みつひで》や秀吉《ひでよし》をはじめとする家臣《かしん》たちも、信長《のぶなが》の命令《めいれい》をきいた時には耳をうたがった。しかし、命令《めいれい》にそむけば自分の命があやうい。比叡山《ひえいざん》は悲鳴《ひめい》にみち、八百年の歴史《れきし》をほこるいく千もの建物《たてもの》は、炎《ほのお》につつまれた。

「わしにさからう者どもは、絶対《ぜったい》にゆるさん。相手が坊主《ぼうず》であろうが、女や子どもであろうが、情《なさ》けはかけない。」

信長《のぶなが》のやりかたに、味方も敵《てき》もふるえあがった。

光秀《みつひで》は信長《のぶなが》の命令《めいれい》に忠実《ちゅうじつ》にしたがいながら、心のなかで思う。

(信長《のぶなが》さまには、神仏《しんぶつ》をおそれる心がないのだろうか。表情《ひょうじょう》ひとつ変《か》えず、時にはえみさえうかべて、女までころせと平気で命令《めいれい》する。われわれにしたがわずたてつく者たちに、情《なさ》けはいらない。しかし、武士《ぶし》でない者を見さかいなくころすなど、こんなむごいことは、ふつうの人間ならばできないことだ。わたしが信長《のぶなが》さまならば、こんなやりかたはしない。）

そんな光秀《みつひで》に信長《のぶなが》は、比叡山《ひえいざん》のふもとの坂本《さかもと》に城《しろ》をきずかせ、近江《おうみ》の平定をまかせた。多数の家臣《かしん》をさしおいて、光秀《みつひで》が信長《のぶなが》につかえてわずか二年でのことである。

信長《のぶなが》は、石山本願寺《いしやまほんがんじ》とも敵対《てきたい》した。一向宗《いっこうしゅう》の熱狂的宗徒《ねっきょうてきしゅうと》は、北陸《ほくりく》から近畿《きんき》の広範囲《こうはんい》にひろがっていた。将軍義昭《しょうぐんよしあき》や毛利《もうり》とむすんだ石山本願寺《いしやまほんがんじ》の顕如《けんにょ》は、

「法敵信長《ほうてきのぶなが》を討《う》て。したがわぬものは破門《はもん》する。」

と大号令《だいごうれい》をかけた。信長《のぶなが》は何度も一向宗徒《いっこうしゅうと》の反撃《はんげき》にあい、怒《いか》りにまかせて、伊勢長島《いせながしま》の一向《いっこう》宗徒《しゅうと》二万人を焼《や》きころした。

過激《かげき》な信長《のぶなが》であったが、光秀《みつひで》は信長《のぶなが》の天下統一《てんかとういつ》のこころざしには、大いに共鳴《きょうめい》していた。理想も力もなく、信長《のぶなが》のじゃまをするだけの将軍義昭《しょうぐんよしあき》に失望《しつぼう》した光秀《みつひで》は、将軍《しょうぐん》のもとを去り、信長《のぶなが》だけにつかえるようになる。同じく、将軍《しょうぐん》につかえていた細川藤孝《ほそかわふじたか》も、信長《のぶなが》を主君とすることになった。

光秀《みつひで》が信長《のぶなが》と出会って四年目の冬。信長《のぶなが》がもっともおそれる武将武田信玄《ぶしょうたけだしんげん》が、将軍義昭《しょうぐんよしあき》の「信長《のぶなが》をおさえよ」という命令《めいれい》にこたえて、ついに上洛《じょうらく》するためにうごきだした。信玄《しんげん》の前に立ちはだかったのは、信長《のぶなが》と同盟《どうめい》をむすんでいた三河《みかわ》の徳川家康《とくがわいえやす》だ。しかし、

「徳川家康《とくがわいえやす》さま、三方《みかた》が原《はら》で信玄《しんげん》にやぶれました。」

という知らせがとどき、信長《のぶなが》を緊張《きんちょう》させた。やがて信玄《しんげん》の進軍《しんぐん》がとまり、信長《のぶなが》にとって幸運なことに、信玄《しんげん》は病気で亡《な》くなってしまう。信玄《しんげん》の上洛《じょうらく》を心まちにしていた将軍義昭《しょうぐんよしあき》を、信《のぶ》長《なが》は光秀《みつひで》に命じて京から追放《ついほう》する。

天正《てんしょう》元（一五七三）年、宿敵浅井《しゅくてきあざい》、朝倉《あさくら》をほろぼしたあと。浅井久政《あざいひさまさ》、長政《ながまさ》、朝倉義景《あさくらよしかげ》の頭蓋骨《ずがいこつ》をさかずきにして信長《のぶなが》がうたげをひらいた時は、光秀《みつひで》も肝《きも》をつぶした。浅井長政《あざいながまさ》は、信長《のぶなが》の妹の夫《おっと》であったし、朝倉義景《あさくらよしかげ》は、光秀《みつひで》のかつての主君であったからだ。

「信長《のぶなが》さまは、まことにおそろしいおかただ。ここまで冷酷《れいこく》な信長《のぶなが》さまは、天魔《てんま》といわれてもおかしくない。だがわたしなら、いくら何でも、冷酷《れいこく》さやおそろしさを見せつけて人をしたがわせる、このようなやりかたはしない。」

光秀《みつひで》は、そう思いながらも忠実《ちゅうじつ》にまじめに、どんな難題《なんだい》でも信長《のぶなが》の命令《めいれい》にしたがった。

「出世して明智《あけち》の名を上げ、世にみとめられるのです。」

という母との約束《やくそく》が、いつも光秀《みつひで》の胸《むね》のおく底《そこ》にあったからだ。

時はいま

光秀《みつひで》が、信長《のぶなが》につかえて十四年。このころ信長《のぶなが》は、安土《あづち》に城《しろ》をきずき、居城《きょじょう》としていた。一向宗《いっこうしゅう》の総本山《そうほんざん》、石山寺《いしやまでら》との決着もつき、戦《いくさ》がつづいているのは、中国地方や信州《しんしゅう》や関東《かんとう》方面であった。

天正《てんしょう》十（一五八二）年三月。光秀《みつひで》は、信長《のぶなが》にしたがい、信玄《しんげん》の息子、※甲斐《かい》の武田勝頼《たけだかつより》をせめた。武田《たけだ》の騎馬隊《きばたい》をふせぐ大規模《だいきぼ》な柵《さく》をつくり、身動きの取れなくなった騎馬隊《きばたい》に鉄砲《てっぽう》をうちこむ作戦《さくせん》が成功《せいこう》した。徳川家康《とくがわいえやす》の加勢《かせい》もあって、三月十一日に武田勝頼《たけだかつより》は自決《じけつ》。ついに信長《のぶなが》は、甲斐《かい》の武田《たけだ》をほろぼした。

※甲斐《かい》　現在《げんざい》の山梨《やまなし》県。

信長《のぶなが》は、甲斐《かい》の領地《りょうち》の分配などをきめて、四月下旬《げじゅん》、安土城《あづちじょう》にもどる。信長《のぶなが》は休むことなく、四国征伐《せいばつ》の命令《めいれい》をくだし、織田信孝《おだのぶたか》・丹羽長秀《にわながひで》が出陣《しゅつじん》する。この時、信長《のぶなが》の家臣《かしん》たちは、こぞって出はらってしまっていた。秀吉《ひでよし》は※備中高松城《びっちゅうたかまつじょう》をせめていたし、柴田勝家《しばたかついえ》は富山《とやま》へ出陣中《しゅつじんちゅう》。滝川一益《たきがわかずます》は関東《かんとう》で、反対勢力《せいりょく》に手を焼《や》いていた。

甲斐《かい》の戦《いくさ》のあと、近江坂本《おうみさかもと》の城《しろ》で休んでいた光秀《みつひで》は、五月早々、信長《のぶなが》によびだされた。

「光秀《みつひで》、徳川殿《とくがわどの》が、せんだってあたえた※駿河《するが》の国のお礼言上《れいごんじょう》にこられる。しばらく滞在《たいざい》されるゆえ、そちは接待《せったい》をせよ。」

（徳川家康殿《とくがわいえやすどの》の強さを、信長《のぶなが》さまはおそれておられる。いまは同盟者《どうめいしゃ》として徳川殿《とくがわどの》がへりくだり、礼《れい》をつくしておられるが、きわめて大切にもてなせということだな。）

と瞬時《しゅんじ》に考え、光秀《みつひで》はこたえた。

「ははっ、さっそく、堺《さかい》や京よりめずらしいごちそうの品々取りよせ、ととのえまする。」

光秀《みつひで》は、十五日から十七日まで心をこめ、神経《しんけい》をはりつめて家康《いえやす》の接待《せったい》をつとめた。

信長《のぶなが》は、家康《いえやす》にていちょうに接《せっ》した。

※備中《びっちゅう》　現在《げんざい》の岡山《おかやま》県西部。
※駿河《するが》　現在《げんざい》の静岡《しずおか》県東･中部。

「甲斐《かい》の戦《いくさ》に勝てたのは、徳川殿《とくがわどの》のお力ぞえがあったからこそ。献上《けんじょう》いただいた三千両のうち、千両おかえし申す。せっかくこられたのだから、京や堺《さかい》を見物してゆかれよ。」

「ありがとうございます。それでは、そういたしましょう。」

家康《いえやす》はわずかな供《とも》をつれて、京へむかった。予定では、家康《いえやす》の安土滞在《あづちたいざい》はまだつづくはずだったのだが、信長《のぶなが》がいきなり光秀《みつひで》にうち切りを命じたのだ。

光秀《みつひで》が用意した高価《こうか》な食材《しょくざい》や酒は、半分むだになってしまった。ひょうしぬけした気持ちの光秀《みつひで》に、信長《のぶなが》はようしゃなく命令《めいれい》した。

「光秀《みつひで》。備中高松城《びっちゅうたかまつじょう》のサルから、援軍《えんぐん》をたのむといってきた。わしも行くが、おまえはすぐ兵《へい》をととのえ出発せよ。サルは、毛利方《もうりがた》五万の大軍《たいぐん》とにらみあっておる。」

光秀《みつひで》は、耳をうたがった。「すぐ行け」とはむちゃではないか?「すぐ行け」とは、たったいままで神経《しんけい》をはりつめて、徳川殿《とくがわどの》の接待《せったい》に追われていた自分のはたらきを無視《むし》したことばではないか?

「はは、承知《しょうち》。」

光秀《みつひで》の心の内とはうらはらに、光秀《みつひで》の口と体は返事をした。信長《のぶなが》の命令《めいれい》はつづく。

「それから、おまえの丹波《※たんば》一国をめしあげ、出雲《※いずも》、石見《いわみ》の二国をあたえる。よいな。」

（丹波《たんば》をめしあげ？　わたしが国づくりをしてきた丹波《たんば》の国を？　ききちがえか？　出雲《いずも》・石見《いわみ》二国とは？　じょうだんでもゆるされない。これから戦《いくさ》をして勝ち、国を手にいれたなら、毛利領《もうりりょう》をくれてやると？　ああ……。）

光秀《みつひで》は、信長《のぶなが》にかえすことばをうしなった。

この時、信長《のぶなが》は、高松城《たかまつじょう》が秀吉《ひでよし》の水攻《ぜ》めにより陥落寸前《かんらくすんぜん》であることを察知《さっち》していた。高松《たかまつ》城攻《じょうぜ》めは勝利《しょうり》目前。最後《さいご》のしあげだけ、信長《のぶなが》に花をもたせようと、先をよんでの秀吉《ひでよし》の援軍《えんぐん》要請《ようせい》であった。しかし、光秀《みつひで》はそれを知らない。

「光秀《みつひで》、不服《ふふく》か？」

信長《のぶなが》は、きびしい声で追《お》いうちをかける。

「い、いえ。では、戦《いくさ》の用意がありますので。」

光秀《みつひで》はぼうぜんとしたまま、坂本城《さかもとじょう》へ帰った。

※丹波《たんば》　現在《げんざい》の京都府《きょうとふ》中部と兵庫《ひょうご》県東部。　**※出雲《いずも》、石見《いわみ》**　それぞれ現在《げんざい》の島根《しまね》県東部、西部。

「この城《しろ》もめしあげるというのか。」

（こんなばかなことがあるか？　わたしのどこかにお気にめさない落ち度があったか？　十二年の歳月《さいげつ》をかけて、大切に国づくりをしてきた、わたしの体の一部のような丹波《たんば》の国を、信長《のぶなが》さまは、ひと言でわたしからうばおうとしている。こんなことがあってよいのか？）

光秀《みつひで》は、あまりのことに、うつろな心のまま戦《いくさ》のしたくをした。光秀《みつひで》の心にくりかえしうかびあがるのは、信長《のぶなが》への不信《ふしん》であった。その心は、時がたてばたつほどふくらみ、怒《いか》りの炎《ほのお》に変《か》わっていった。光秀《みつひで》はそのまま、数千の兵《へい》をととのえて二十六日に坂本城《さかもとじょう》を出発。

二十七日に丹波《たんば》の亀山城《かめやまじょう》へむかった。

（わたしが、信長《のぶなが》さまの立場ならば、このようなやりかたはせぬ。絶対《ぜったい》に。）

（わたしが、天下をおさめるならば、このようなやりかたはせぬ。絶対《ぜったい》に。）

光秀《みつひで》は胸《むね》の内でさけんだ。

「御大将信長《おんたいしょうのぶなが》さまは、八十人ばかりの手勢《てぜい》と安土城《あづちじょう》を出発され、京都本能寺《きょうとほんのうじ》に入られます。」

つかいの者の知らせが入った。

（いま、信長《のぶなが》さまをまもる軍勢《ぐんぜい》は、きわめて少ない。家臣《かしん》たちすべてが、遠国《おんごく》の戦《いくさ》に出かけている。いまなら、わたしにも天下が取れる。そして、わたしならば、もっとすぐれたやりかたで天下をおさめる。信長《のぶなが》さまがいなくなれば、そのあとをつげる力量《りきりょう》のあるものは、家《か》臣《しん》のなかでも信長《のぶなが》さまより年上のわたししかいない。信長《のぶなが》さまをうらみながら、しんぼうしてきた者たちがおおぜいいる。きっとわたしに多勢《たぜい》が味方してくれるにちがいない。）

光秀《みつひで》は二十八日、愛宕山《あたごやま》に参詣《さんけい》し、くじを引いた。

「願《ねが》いごと、かなう。」

とある。もう一度引いてみる。

「万事、吉《きち》。」

さらにもう一度。

「まちのぞんだこと、成《な》る。」

光秀《みつひで》は、くじに神の声をきいたと思った。

二十九日は愛宕山《あたごやま》で、連歌《れんが》の第一人者里村紹巴《さとむらじょうは》と連歌会《れんがかい》をおこなう。

時はいま　あめが下しる五月かな　光秀《みつひで》

水上《みなかみ》まさる　庭の夏山　西坊《にしのぼう》

花落つる流れの末《すえ》をせきとめて　紹巴《じょうは》

つぎつぎに歌をつくり、百韻《ひゃくいん》を奉納《ほうのう》した。

「あめ」は雨とも天ともいえる。天が下しるは、天下をおさめるという意味もふくんでいる。光秀《みつひで》が詠《よ》んだ最初《さいしょ》の発句《ほっく》には、信長《のぶなが》にかわって天下を取る光秀《みつひで》の決意がこめられていた。

六月二日、光秀《みつひで》は一万三千の兵《へい》とともに亀山城《かめやまじょう》を出発。軍勢《ぐんぜい》は西国《さいごく》への道を取らず、軍勢《ぐんぜい》を信長《のぶなが》に見せるためと、京へとむかう。

桂《かつら》川の西についたところで、光秀《みつひで》は全軍《ぜんぐん》に号令《ごうれい》を発した。

「敵《てき》は本能寺《ほんのうじ》にあり！」

時間は午前二時。

午前四時には本能寺《ほんのうじ》をかこむ。光秀《みつひで》の軍勢《ぐんぜい》は、八十人ほどの兵《へい》しかいない信長《のぶなが》の宿泊所《しゅくはくじょ》、

本能寺《ほんのうじ》に総攻撃《そうこうげき》をかけた。

はじめは、兵《へい》のけんかだと思っていた信長《のぶなが》であったが、鉄砲《てっぽう》の音をきいてとびおきた。

「相手はだれじゃ？」

そばにつかえる森蘭丸《もりらんまる》が即答《そくとう》する。

「明智光秀《あけちみつひで》さま、謀反《むほん》にございます。」

「是非《ぜひ》もなし（いたしかたない）。」

信長《のぶなが》はひと言のみ発し、弓を取って応戦《おうせん》した。しかし、多勢《たぜい》に無勢《ぶぜい》。勝敗はあきらかだ。

信長《のぶなが》は本能寺《ほんのうじ》に火をかけさせ、自害《じがい》した。

六月二日の夜が明けると、光秀《みつひで》は、本能寺《ほんのうじ》の焼《や》けあとで信長《のぶなが》をさがさせたが、何も見つからなかった。

「人間《じんかん》五十年……。」と桶狭間出陣《おけはざましゅつじん》で舞《ま》い、天下統一《てんかとういつ》にまい進した過激《かげき》な天才、織田信長《おだのぶなが》の生涯《しょうがい》は、四十九才でとじられた。この時、信長《のぶなが》の嫡男信忠《ちゃくなんのぶただ》も戦死《せんし》した。

光秀《みつひで》の誤算《ごさん》

「いよいよ、わたしは天下を取ったのだ。まず、京とその周辺《しゅうへん》の国々をおさえれば、織田信長《おだのぶなが》にいためつけられた諸侯《しょこう》も、わたしにしたがうであろう。」

光秀《みつひで》は意気ようようと、味方にかけつけるであろう諸侯《しょこう》をまった。

ところが、光秀《みつひで》の娘《むすめ》お玉《たま》をとつがせ、したしいあいだがらの※丹後舞鶴城《たんごまいづるじょう》の細川家《ほそかわけ》も、たのみとする大和《やまと》の筒井順慶《つついじゅんけい》も、まったくうごかなかった。それどころか細川家《ほそかわけ》では、光秀謀反《みつひでむほん》の知らせをうけ、お玉《たま》が幽閉《ゆうへい》された。

「なぜだ？　なぜ、味方がこない？」

信長《のぶなが》をたおし、天下を取ったはずの光秀《みつひで》の誤算《ごさん》はつづく。

備中高松城《びっちゅうたかまつじょう》で信長《のぶなが》の援軍《えんぐん》をまっているはずの秀吉《ひでよし》であった。しかし、秀吉《ひでよし》は、三日に本能寺《ほんのうじ》の変《へん》の情報《じょうほう》をきくなり、四日に高松城《たかまつじょう》の城主《じょうしゅ》の切腹《せっぷく》を見とどけて、毛利《もうり》との戦《いくさ》を終結《しゅうけつ》させ

※丹後《たんご》　現在《げんざい》の京都府《きょうとふ》北部。

た。そして、六日には疾風怒濤《しっぷうどとう》の如《ごと》く、京をめざして走りだしていた。神がかりのようなこの大がえしは、だれも予想できなかった。

秀吉《ひでよし》の軍勢《ぐんぜい》に、細川家《ほそかわけ》や筒井順慶《つついじゅんけい》の軍勢《ぐんぜい》など諸侯《しょこう》が加《くわ》わった。六月十三日、秀吉《ひでよし》の軍《ぐん》は光《みつ》秀《ひで》の軍勢《ぐんぜい》と京の入り口の山崎《やまざき》でぶつかり、天下分け目の合戦《かっせん》がはじまる。

「備中《びっちゅう》の戦《いくさ》で手いっぱいのはずの秀吉《ひでよし》が、なぜここに？」

光秀《みつひで》の軍勢《ぐんぜい》は総《そう》くずれとなり、光秀《みつひで》は撤退《てったい》。光秀以下《みつひでいか》数人で、坂本城《さかもとじょう》にむけて敗走《はいそう》するとちゅう、小栗栖《おぐるす》の里《さと》で土民《どみん》におそわれた。

「あっ。」

土民《どみん》のつきたてたやりが馬上の光秀《みつひで》にささり、光秀《みつひで》は深い傷《きず》をおった。

「もはや、これまで。くいはなし。母上、おゆるしください。」

光秀《みつひで》は馬をおり、覚悟《かくご》をきめ目をとじる。やみのなかに自分を見つめる信長《のぶなが》が見えた。

「下天《げてん》は夢《ゆめ》よ（人生は夢《ゆめ》でしかない）。光秀《みつひで》、ぜひもなし。」

信長《のぶなが》は、うっすらわらったように見えた。自決した光秀《みつひで》は、五十五才だったといわれる。

十七日、本能寺《ほんのうじ》にさらされた光秀《みつひで》の首にむかって、

「明智殿《あけちどの》、早まられた。十日あまりの、まことに短い天下でしたな。あなたの信長《のぶなが》さまへの先走りは、凶《きょう》となってしまった。しかしわしは、かならず吉《きち》としてみせますぞ。」

秀吉《ひでよし》はつぶやいた。

このあと、秀吉《ひでよし》は着々と天下統一《てんかとういつ》をすすめ、織田信長《おだのぶなが》の着手した天下をおさめる事業《じぎょう》を、みごとに完成《かんせい》させるのである。

もっと知りたい!

光秀《みつひで》と信長《のぶなが》

明智光秀《あけちみつひで》と織田信長《おだのぶなが》に関《かん》するゆかりの場所などを紹介《しょうかい》します。歴史《れきし》の知識《ちしき》も深まるよ！

安土城址《あづちじょうし》

織田信長《おだのぶなが》の居城跡《きょじょうあと》で、国指定の特《とく》別史跡《べっしせき》。天正《てんしょう》四（一五七六）年から信長《のぶなが》が約《やく》三年の歳月《さいげつ》をかけて完成《かんせい》させた。本能寺《ほんのうじ》の変《へん》後、焼失《しょうしつ》して石垣《いしがき》だけがのこる。

滋賀《しが》県近江八幡《おうみはちまん》市安土《あづち》町下豊浦《しもといら》

☎0748-46-4234（安土駅前観光案内所《あづちえきまえかんこうあんないじょ》）

安土城天主《あづちじょうてんしゅ》　信長《のぶなが》の館《やかた》

織田信長《おだのぶなが》の命令《めいれい》により建《た》てられた安土城《あづちじょう》を、忠実《ちゅうじつ》に再現《さいげん》した。最上部《さいじょうぶ》五・六階《かい》部分をふくめ、保存《ほぞん》・展示《てんじ》している。

〒521-1321

滋賀《しが》県近江八幡《おうみはちまん》市安土《あづち》町桑実寺《くわのみじ》800番地

☎0748-46-6512

内藤 昌　復元©

滋賀《しが》県立安土城考古博物館《あづちじょうこうこはくぶつかん》

滋賀《しが》県内の古代遺跡《こだいいせき》と、中世《ちゅうせい》の城《しろ》づくり、戦国《せんごく》時代の近江《おうみ》、安土城《あづちじょう》と織田信長《おだのぶなが》をテーマに展示《てんじ》をしている。明智光秀《あけちみつひで》の書状《しょじょう》も見ることができる。

〒521-1311

滋賀《しが》県近江八幡《おうみはちまん》市安土《あづち》町下豊浦《しもといら》6678

☎0748-46-2424

坂本城址公園《さかもとじょうしこうえん》

明智光秀《あけちみつひで》が主君信長《しゅくんのぶなが》により比叡《ひえい》山のふもと一帯《いったい》をあたえられ、築城《ちくじょう》した坂本城《さかもとじょう》。本能寺《ほんのうじ》の変《へん》後、一族はここで城《しろ》とともにはてた。現在《げんざい》は石《いし》垣《がき》、移築門《いちくもん》がのこる。

〒520-0105
滋賀《しが》県大津《おおつ》市下阪本《しもさかもと》三丁目1
☎077-578-6565（坂本観光案内所《さかもとかんこうあんないじょ》）

亀山城址《かめやまじょうし》

明智光秀《あけちみつひで》は天正《てんしょう》五（一五七七）年ごろ、丹波《たんば》攻略《こうりゃく》の拠点《きょてん》とするために、亀山城《かめやまじょう》を築城《ちくじょう》した。一六一〇年、岡部長盛《おかべながもり》の時代に城郭《じょうかく》・城下町《じょうかまち》ができあがったが、明治維新期《めいじいしんき》に解体《かいたい》され、現在《げんざい》は石垣《いしがき》などが修復《しゅうふく》されている。

〒621-8686
宗教法人《しゅうきょうほうじん》　大本《おおもと》（亀山城址《かめやまじょうし》）
京都府《きょうとふ》亀岡《かめおか》市荒塚《あらづか》町内丸《うちまる》1
☎0771-22-5561

本能寺《ほんのうじ》

織田信長《おだのぶなが》が上洛《じょうらく》時に宿所としてつかっていた寺で、明智光秀《あけちみつひで》の謀反《むほん》により、自害《じがい》においやられた場所として有名。当時の所在地《しょざいち》とややはなれた場所にあり、石碑《せきひ》が立っている。

〒604-8091
京都《きょうと》市中京《なかぎょう》区寺町通《てらまちどおり》御池《おいけ》下《くだ》る下本能寺前町《ほんのうじまえまち》522
☎075-231-5335

おすすめの本

・火の鳥伝記《でんき》文庫『本能寺《ほんのうじ》の変《へん》　明智光《あけちみつ》秀《ひで》』講談社《こうだんしゃ》1991年刊行《かんこう》

※この地図は、十六世紀《せいき》中ごろの大名《だいみょう》と勢力範囲《せいりょくはんい》をしめす。

おもな戦国大名《せんごくだいみょう》

一四六七年の応仁《おうにん》の乱《らん》後、室町幕府《むろまちばくふ》の権威《けんい》はおとろえた。中央に幕府《ばくふ》があり、各国《かっこく》に守護《しゅご》というそれまでの体制《たいせい》がくずれて、実力で国を支配《しはい》する戦国大名《せんごくだいみょう》が、各地《かくち》に出現《しゅつげん》した。

戦国大名《せんごくだいみょう》にはいろいろな出身があり、武田家《たけだけ》や今川家《いまがわけ》のように守護大名《しゅごだいみょう》だった者、長尾《ながお》（上杉《うえすぎ》）家《け》や織田家《おだけ》のように守護代《しゅごだい》だった者、伊達家《だてけ》や松平《まつだいら》（徳川《とくがわ》）家《け》のように国人《こくじん》だった者などがある。

守護代《しゅごだい》とは、守護《しゅご》の家臣《かしん》で、将軍《しょうぐん》のいる京都に屋敷《やしき》をかまえた守護《しゅご》のかわりに、地方をまかせられていた者たちである。国人《こくじん》とは、地方の土着の武士《ぶし》をさす。下剋上《げこくじょう》の世では、力をのばした彼《かれ》らが主家をほろぼし、一国のあるじとなった。

また斎藤家《さいとうけ》のように、低《ひく》い身分から戦国大名《せんごくだいみょう》になった者もいる。

戦国編《せんごくへん》 年表

◉年表には、この巻《かん》でとりあげた時代のできごとをまとめています。
◉本編《ほんぺん》に出てくるできごとは太字でかかれています。

西暦《せいれき》	年号	おもなできごと
一五四一	天文《てんぶん》十	**・武田信玄《たけだしんげん》が父信虎《のぶとら》を追放《ついほう》する。**
一五四三	天文《てんぶん》十二	・ポルトガル人が種子島《たねがしま》に漂着《ひょうちゃく》し、鉄《てっ》砲《ぽう》をつたえる。
一五四八	天文《てんぶん》十七	・長尾景虎《ながおかげとら》（のちの上杉謙信《うえすぎけんしん》）が越《えち》後《ご》の国守護代《しゅごだい》となる。
一五五三	天文《てんぶん》二十二	**・第一次川中島《かわなかじま》の戦《たたか》い**
一五五四	天文《てんぶん》二十三	・武田《たけだ》、今川《いまがわ》、北条《ほうじょう》の三氏《し》のあいだで同盟《どうめい》がむすばれる。
一五五五	天文《てんぶん》二十四（弘治《こうじ》元）	・毛利元就《もうりもとなり》が陶晴賢《すえはるかた》を厳島《いつくしま》におびきよせ、ほろぼす（厳島《いつくしま》の戦《たたか》い）。
一五五六	弘治《こうじ》二	**・斎藤道三《さいとうどうさん》が子の義龍《よしたつ》にころされる。**
一五五九	永禄《えいろく》二	**・武田晴信《たけだはるのぶ》、出家して信玄《しんげん》を名のる。**

西暦《せいれき》	年号	おもなできごと
		・上杉景虎《うえすぎかげとら》（政虎《まさとら》）、謙信《けんしん》と名のる。
一五七一	元亀《げんき》二	**・織田信長《おだのぶなが》が比叡山延暦寺《ひえいざんえんりゃくじ》を焼《や》き討《う》ちにする。**
一五七二	元亀《げんき》三	**・武田信玄《たけだしんげん》が、三方《みかた》が原《はら》の戦《たたか》いで徳《とく》川家康《がわいえやす》をやぶり、よく年病没《びょうぼつ》する。**
一五七三	元亀《げんき》四（天正元）	**・将軍足利義昭《しょうぐんあしかがよしあき》、織田信長《おだのぶなが》に京を追《つい》放《ほう》され、室町幕府《むろまちばくふ》がほろびる。** **・織田信長《おだのぶなが》が朝倉義景《あさくらよしかげ》、浅井長政《あざいながまさ》をせめほろぼす。**
一五七四	天正《てんしょう》二	・越前《えちぜん》国で一向一揆《いっこういっき》が起こる。 ・織田信長《おだのぶなが》、伊勢長島《いせながしま》の一向一揆《いっこういっき》を制《せい》圧《あつ》する。
一五七五	天正《てんしょう》三	・長篠《ながしの》の戦《たたか》いで、織田信長《おだのぶなが》と徳川家《とくがわいえ》康《やす》の連合軍《れんごうぐん》が武田勝頼軍《たけだかつよりぐん》をやぶる。 ・織田信長《おだのぶなが》、越前一向一揆《えちぜんいっこういっき》を制圧《せいあつ》する。

一五六〇	永禄《えいろく》三	・**織田信長《おだのぶなが》が桶狭間《おけはざま》で今川義元《いまがわよしもと》をたおす（桶狭間《おけはざま》の戦《たたか》い）。** ・武田信玄《たけだしんげん》、三国同盟《どうめい》を破棄《はき》して駿河国《するがのくに》へ侵攻《しんこう》する。
一五六一	永禄《えいろく》四	・**長尾景虎《ながおかげとら》（上杉謙信《うえすぎけんしん》）が上杉憲政《うえすぎのりまさ》から上杉姓《うえすぎせい》と関東管領職《かんとうかんれいしょく》をゆずられる。** ・**第四次川中島《かわなかじま》の戦《たたか》い**
一五六五	永禄《えいろく》八	・**松永久秀《まつながひさひで》らが十三代将軍足利義輝《しょうぐんあしかがよしてる》をころす。**
一五六八	永禄《えいろく》十一	・**織田信長《おだのぶなが》が足利義昭《あしかがよしあき》をともなって京都に入り、義昭《よしあき》を十五代将軍《しょうぐん》につける。** ・織田信長《おだのぶなが》、領地《りょうち》内の関所《せきしょ》を撤廃《てっぱい》する。
一五七〇	永禄《えいろく》十三（元亀《げんき》元）	・**姉川《あねがわ》の戦《たたか》いで織田《おだ》と徳川《とくがわ》の連合《れんごう》軍《ぐん》が浅井《あざい》、朝倉軍《あさくらぐん》をやぶる。** ・**石山本願寺《いしやまほんがんじ》の顕如《けんにょ》、織田信長《おだのぶなが》に敵対《てきたい》する。** ・伊勢長島《いせながしま》で一向一揆《いっこういっき》が起こる。

一五七六	天正《てんしょう》四	・織田信長《おだのぶなが》が安土城《あづちじょう》をきずく。
一五七八	天正《てんしょう》六	・**上杉謙信《うえすぎけんしん》が病没《びょうぼつ》する。**
一五八〇	天正《てんしょう》八	・**石山本願寺《いしやまほんがんじ》が織田信長《おだのぶなが》に降伏《こうふく》する。**
一五八二	天正《てんしょう》十	・**武田勝頼《たけだかつより》が織田信長《おだのぶなが》にやぶれ、武田氏《たけだし》がほろぶ（天目山《てんもくざん》の戦《たたか》い）。** ・**織田信長《おだのぶなが》が本能寺《ほんのうじ》の変《へん》で明智光秀《あけちみつひで》にたおされる。** ・**羽柴《はしば》（豊臣《とよとみ》）秀吉《ひでよし》が山崎《やまざき》の戦《たたか》いで明智光秀《あけちみつひで》をやぶる。**

◉執筆者

大庭 桂 おおば けい（第一話・第三話）

児童文学作家。福井県勝山市平泉寺町在住で神職の資格も持つ。毎日児童小説最優秀賞、長塚節文学賞大賞、海洋文学賞などを受賞。作品に『竜の谷のひみつ』『海のそこの電話局』『うらないババと石川五ニャえもん』（旺文社）などがある。

金田 妙 かなだ たえ（第二話）

東京都在住で、さまざまな子供向け書籍の執筆を手がける。『戦国武将かるた』（あかね書房）が好評を博している。『トムとリリのとけいえほん』（永岡書店）、『たべるのだいすき! 食育えほん』（チャイルド本社）のシリーズなどがある。

◉協力者一覧

編集制作　株式会社アルバ
イラスト　髙田真理（株式会社ドメリカ）
装丁・デザイン　若狭陽一
DTP協力　岸 信雄
作図協力　大畠 嗣

◉写真協力

ながの観光コンベンションビューロー、桶狭間古戦場保存会、豊川市教育委員会、安土町文芸の郷振興事業団

物語で楽しむ
歴史が変わったあの一瞬3
戦国編

2013年2月　初版発行
2018年2月　3刷発行

監修　平泉隆房・平泉紀房
発行者　升川秀雄
発行所　株式会社教育画劇
住所　東京都渋谷区千駄ヶ谷5-17-15
電話　03-3341-3400（営業）
03-3341-1458（編集）
http://www.kyouikugageki.co.jp
振替　00150-9-29855
印刷　大日本印刷株式会社

NDC210・913/128P/22×16㎝　ISBN978-4-7746-1720-6（全5冊セットコードISBN978-4-7746-1723-7）